El más acá de la vivienda

El mercado inmobiliario en España

El más acá de la vivienda

El mercado inmobiliario en España

Juana M. Trujillo Porcel

" El mejor inversor es aquel que conoce perfectamente lo que está haciendo"

Frank Gallinelli

A todos aquellos compañeros, amigos y familia
con los que he compartido y seguiré compartiendo
cafés y charlas

Quiero agradecer, a todas las personas que han contribuido a hacer posible este libro, vuestra colaboración, vuestros conocimientos, vuestras explicaciones y vuestra paciencia respondiendo siempre con amabilidad a mis múltiples preguntas.

Gracias por acompañarme

INTRODUCCIÓN

Todos los españoles tienen derecho a disfrutar de una vivienda digna y adecuada. Los poderes públicos promoverán las condiciones necesarias y establecerán las normas pertinentes para hacer efectivo este derecho, regulando la utilización del suelo de acuerdo con el interés general para impedir la especulación. La comunidad participará en las plusvalías que genere la acción urbanística de los entes públicos.

Artículo 47 de la Constitución Española

El derecho a la vivienda es uno de los derechos humanos más importantes y fundamentales para la supervivencia y el bienestar de cualquier persona. Este derecho se encuentra íntimamente ligado con el derecho a un nivel de vida adecuado, y garantiza a todas las personas un lugar seguro, digno y adecuado para vivir.

Sin embargo, la regulación del derecho a la vivienda no se encuentra uniformemente establecida en todo el mundo, lo que ha llevado a que muchas personas se enfrenten a graves problemas de vivienda, como la falta de acceso a viviendas asequibles, la falta de condiciones de salubridad y seguridad, y al desalojo forzado de sus hogares.

Estas situaciones han llevado a que muchas personas sufran la exclusión social y marginalidad, lo que genera desigualdades y desequilibrios en las sociedades. Es por ello que se requiere una regulación global del derecho a la vivienda que garantice el acceso a la vivienda digna y adecuada para todas las personas, independientemente de su origen, género, religión, raza o estatus socio-económico.

En este sentido, la Declaración Universal de los Derechos Humanos de 1948 y el Pacto Internacional de Derechos Económicos, Sociales y Culturales de 1966 establecieron que el derecho a la vivienda es un componente fundamental del derecho a un nivel de vida adecuado. Estos documentos internacionales buscan proteger los derechos humanos y establecer un marco para la regulación de las políticas públicas a nivel mundial.

También existen otros convenios y acuerdos internacionales que buscan proteger a grupos específicos, como la Convención sobre los Derechos del Niño de 1989 y la Convención sobre los derechos de las personas con discapacidad de 2006, los cuales también incluyen el derecho a la vivienda dentro de sus cláusulas.

La vivienda es un derecho humano fundamental reconocido por la mayoría de las constituciones y tratados internacionales de derechos humanos. Sin embargo, para que este derecho sea efectivo, es necesario que se cumplan ciertas condiciones y se aborden ciertos elementos críticos.

Uno de los aspectos fundamentales es la seguridad de la tenencia, que implica proteger a las personas del desalojo forzoso, el acoso o la discriminación en el acceso a la vivienda. La disponibilidad de servicios básicos, como el agua potable, el saneamiento, la energía eléctrica, la recolección de residuos y la conexión a internet, también es esencial para garantizar que las personas puedan vivir con dignidad.

La accesibilidad es otro elemento crítico, y a que las viviendas deben estar ubicadas en lugares que sean accesibles a los servicios y oportunidades, como el transporte público, las escuelas, los hospitales y los lugares de trabajo.

La habitabilidad es otra cuestión importante, ya que las viviendas deben ser adecuadas para el uso humano, protegiendo a las personas de los elementos climáticos, la contaminación acústica y ambiental y otros riesgos para la salud. La ubicación también es un factor a considerar, ya que las viviendas deben estar ubicadas en áreas seguras y no expuestas a riesgos naturales, como inundaciones, deslizamientos de tierra o terremotos. Finalmente, la adecuación cultural también es esencial para que las personas puedan vivir en un ambiente que respete sus tradiciones, creencias y costumbres.

La Unión Europea ha tomado medidas significativas para proteger los derechos fundamentales de sus ciudadanos en relación con la vivienda. Aunque la competencia expresa en esta materia no existe, la UE ha establecido una serie de normas y obligaciones que se deben cumplir para garantizar que los ciudadanos tengan acceso a una vivienda adecuada. Estos mecanismos de protección pueden variar en su efectividad, pero su objetivo es asegurar que se respeten los derechos de los ciudadanos y se aborden las necesidades de vivienda.

La Carta Social Europea de 1961 es un ejemplo claro de cómo la UE ha establecido directrices para promover el acceso a una vivienda adecuada y prevenir y reducir la falta de hogar. Esta carta es una herramienta importante para garantizar que los Estados Parte de la UE cumplan sus obligaciones en materia de vivienda y derechos humanos. Además, la Carta también requiere que se hagan accesibles los precios de la vivienda para aquellos que no tienen los recursos necesarios. Esto es esencial para asegurar que todas las personas tengan acceso a una vivienda asequible y digna.

La UE también ha establecido el Fondo Europeo de Desarrollo Regional (FEDER) para ayudar a financiar la construcción y renovación de viviendas. El objetivo principal de este fondo es mejorar las condiciones de vida de los ciudadanos y promover el acceso a una vivienda digna y asequible. También ha desarrollado programas específicos para apoyar a los grupos más vulnerables, como los jóvenes y las personas mayores.

No obstante, es importante señalar que la protección del derecho a la vivienda no depende únicamente de los tratados y acuerdos internacionales, sino que recae en gran medida en la legislación de cada Estado. Por tanto, es necesario que cada país establezca medidas efectivas para garantizar el acceso a la vivienda adecuada y proteger a aquellos que se encuentran en situación de vulnerabilidad.

Cabe destacar que, a día de hoy, no existe una acción judicial de carácter internacional que permita exigir el cumplimiento efectivo del derecho a la vivienda. En consecuencia, es responsabilidad de cada Estado garantizar que este derecho sea respetado y protegido, y de la sociedad en su conjunto velar por la dignidad y el bienestar de todas las personas.

El derecho a la vivienda es un tema de gran importancia en todo el mundo, ya que se trata de un derecho humano fundamental que está estrechamente relacionado con la dignidad y el bienestar de las personas. Sin embargo, su reconocimiento y protección varía considerablemente de un Estado a otro.

En algunos países, la vivienda se considera un derecho fundamental que debe ser garantizado por el Estado, y por lo tanto, se encuentra protegido por la Constitución y las leyes. Estos Estados tienen el deber de asegurar que todas las personas tengan acceso a una vivienda adecuada y asequible, y se comprometen a tomar medidas para proteger a los ciudadanos de la discriminación y la falta de acceso a la vivienda.

Por otro lado, en otros Estados, la protección del derecho a la vivienda depende de la legislación, lo que significa que las políticas y programas relacionados con la vivienda pueden variar ampliamente de un lugar a otro. En estos países, el acceso a una vivienda adecuada puede ser una tarea difícil para muchas personas, ya que a menudo enfrentan barreras como la falta de recursos económicos, la discriminación y la especulación inmobiliaria.

Es importante destacar que la garantía del derecho a la vivienda no solo implica el acceso a una vivienda física, sino también a un ambiente seguro y saludable, a servicios públicos básicos y a una comunidad bien conectada. Además, también debe considerarse la perspectiva de la sostenibilidad y la protección del medio ambiente en el diseño y construcción de viviendas.

BREVE HISTORIA DE LA "BURBUJA INMOBILIARIA" ESPAÑOLA

A partir de los años 90, se produjo una importante liberalización financiera y una relajación de los requisitos para la concesión de créditos hipotecarios, lo que permitió un mayor acceso a la financiación de la compra de viviendas. Además, la moneda única europea (el euro) en el año 2002, y la consecuente reducción de los tipos de interés, aumentaron el atractivo de las hipotecas variables, que estaban ligadas al euríbor, y que se convirtieron en una opción muy popular entre los compradores de vivienda.

Todo ello llevó a una especulación sin precedentes en el mercado inmobiliario, en el que muchos inversores compraron viviendas con la única intención de revenderlas rápidamente y obtener un beneficio, sin tener en cuenta la calidad de la construcción ni la ubicación de las mismas.

Asimismo, se produjo una recalificación de terrenos rurales como urbanos, lo que permitió una mayor oferta de suelo edificable y la construcción masiva de viviendas, que en muchos casos no estaban siendo demandadas por la población.

En este contexto, los precios de la vivienda en España experimentaron un aumento exponencial, que se mantuvo durante varios años, hasta que en 2006 se produjo un frenazo en la demanda y una disminución de los precios, que supuso el principio del fin de la burbuja inmobiliaria.

La entrada de España en la Comunidad Europea en 1986 y en el euro en 2002, supuso la adopción de una política económica y moneda común, caracterizada por la bajada de los tipos de interés, que se mantuvo durante varios años. Esta política monetaria expansiva tuvo un efecto muy estimulante para la inversión y especulación inmobiliaria en España, ya que se produjo una mayor accesibilidad a los créditos hipotecarios tanto para particulares como para instituciones bancarias.

Este aumento en la concesión de créditos hipotecarios, junto con los bajos tipos de interés, conlleva un endeudamiento progresivo de las familias y un crecimiento desmesurado en el número y valor de las hipotecas inmobiliarias. Además, los bancos también se beneficiaron de esta situación, ya que vieron incrementados sus márgenes y beneficios, lo que potenció aún más la concesión de créditos a particulares, muchas veces sin justificación real.

Esta situación de fácil acceso a la financiación desde una demanda artificial de viviendas, que llevó a una sobrevaloración de los precios, y a una especulación sin precedentes en el mercado inmobiliario. Los compradores de vivienda se endeudaron más allá de sus posibilidades reales de pago, confiando en la subida constante de los precios de la vivienda, lo que aumentó aún más el riesgo de la burbuja inmobiliaria.

El crédito hipotecario fue uno de los principales factores que contribuyeron al crecimiento de la burbuja inmobiliaria en España. Las condiciones de los préstamos hipotecarios eran tan favorables que su contratación aumentaba año tras año. Según datos del Consejo General del Notariado, en 2004 el número de hipotecas gestionadas por entidades financieras creció un 24,8% interanual, la tasa más alta desde 1996. De las 438.535 viviendas escrituradas, el 90% se financiaron mediante una hipoteca.

El crédito concedido llegaba muchas veces al 70% u 80% del valor de tasación del inmueble, y en algunos casos llegaba al 100%. La duración del crédito puede extenderse hasta 30 años o más, siendo más común una duración de 15 o 20 años.

Entre 1996 y 2005, los tipos de interés aplicados a los préstamos hipotecarios registraron un continuo descenso. Sin embargo, en el verano de 2005 se produjo un punto de inflexión en esta tendencia debido a la anticipación por parte de los mercados de los tipos menos permisivos. políticas monetarias anunciadas por el BCE. A partir de ese momento se aprecia un incremento en las tasas de interés. Esta subida de tipos de interés fue el primer indicio de que el mercado inmobiliario iba a cambiar, aunque no fue hasta 2007 cuando se produjo el cambio más radical.

Es importante señalar que estos tipos de interés a los que se concedían las hipotecas reflejaban tanto aquellos préstamos en los que el prestatario era el promotor de la vivienda, el constructor, o el comprador de la misma.

El papel de los gobiernos en el auge y posterior crisis del sector inmobiliario es un tema controvertido y complejo. Es cierto que los ingresos fiscales procedentes del sector inmobiliario representan una fuente importante de ingresos para los gobiernos, lo que podría haber influido en su falta de acción para prevenir la burbuja inmobiliaria. Además, la construcción de viviendas generaba empleo y contribuía al crecimiento económico, lo que podría haber motivado a los gobiernos a no intervenir en el mercado inmobiliario.

Sin embargo, también es importante tener en cuenta que el sector inmobiliario estaba regulado por una serie de leyes y normativas que, en teoría, deberían proteger a los consumidores y prevenir la especulación. Por ejemplo, existían leyes que regulaban el tiempo mínimo de propiedad antes de vender un piso o limitaban el número de propiedades que un individuo podría adquirir. Sin embargo, estas normas no siempre se aplican de manera efectiva.

En cualquier caso, es cierto que los gobiernos no tomaron medidas efectivas para prevenir la burbuja inmobiliaria y su posterior colapso. Esto puede haber sido debido a la falta de voluntad política, a la presión de los grupos de interés, o a la creencia de que el crecimiento del sector inmobiliario era sostenible. La crisis financiera que estalló en 2008 demostró que la falta de regulación y supervisión del mercado inmobiliario había llevado a un colapso que tuvo graves consecuencias económicas y sociales.

Entre 1998 y 2007 se construyeron alrededor de 5,7 millones de unidades de vivienda en España, y solo entre 2002 y 2005 se construyeron más de 2,1 millones de unidades. Esto significa que por cada 100 nuevos habitantes se construyeron 89 viviendas.

El aumento en la oferta de viviendas se debió a varios factores, incluyendo el crecimiento de la población urbana, el aumento en el número de hogares, la disponibilidad de suelo urbanizable, el acceso al crédito y la contratación de mano de obra poco cualificada. Además, las constructoras vieron crecer sus márgenes debido a que los costos de construcción de la vivienda media estaban muy por debajo de los precios de venta, lo que resultó en enormes beneficios para ellas.

Se debe destacar que, a pesar de la enorme oferta de viviendas construidas, se vendían todas sin problemas y a precios elevados, lo que indica una situación de incumplimiento de la ley de la oferta y la demanda. La demanda de vivienda estaba creciendo a niveles muy significativos, como se refleja en el aumento de las hipotecas contratadas.

Se distingue entre la demanda natural y la demanda especulativa y se mencionan las causas de la desaceleración del mercado inmobiliario en 2007, como el aumento del coste de financiación, la pérdida de confianza de inversores y las menores expectativas de revalorización de los precios de la vivienda. además, el fuerte incremento de la propiedad sobre el alquiler se debe a factores como el fácil acceso al crédito hipotecario y las expectativas de revalorización de los precios de la vivienda. Se muestra el descenso de la variación del alquiler de vivienda y de la rentabilidad derivada de una inversión en alquiler.

Los bancos jugaron un papel muy importante en la burbuja inmobiliaria en España, ya que concedieron préstamos hipotecarios en grandes cantidades para la compra de viviendas, incluso a personas con poca capacidad económica. Además, también tenían una fuerte influencia sobre los tasadores, que mejoraron las tasaciones de las viviendas de los clientes, lo que contribuyó a mantener los precios inflados.

Por lo tanto, se podría decir que los bancos fomentaron la demanda de vivienda al conceder hipotecas con condiciones favorables y al mantener los precios inflados a través de las valoraciones sesgadas al alza.

En 2005 los tipos de interés comenzaron a subir, lo que incrementó las cuotas de los créditos hipotecarios y dificultó el acceso a la financiación para comprar viviendas.

En el año 2006, la demanda de viviendas comenzó a reducirse, lo que resultó en la acumulación de viviendas en stock que no encontraron comprador. Los especuladores percibieron que los precios estaban bajando y decidieron vender, lo que desencadenó el estallido de la burbuja inmobiliaria. A partir de ese momento, los precios comenzaron a caer y la demanda se estancó, lo que ocasionalmente disminuyó el PIB. El acceso al crédito también terminó y el mercado inmobiliario se quedó sin liquidez, lo que ayudó a que la oferta no encontrara una contraparte que la demandara.

Aunque la crisis hipotecaria de Estados Unidos en el verano de 2007 no fue el desencadenante de la burbuja inmobiliaria en España, sí tuvo un impacto negativo en el mercado inmobiliario español, ya que limitó la capacidad de los bancos y cajas de ahorro españoles para acceder a financiación extranjera.

La crisis subprime en Estados Unidos se originó por la concesión de hipotecas de alto riesgo (créditos subprime) a clientes con escasa solvencia, lo que provocó un aumento de la tasa de morosidad y un nivel elevado de ejecuciones hipotecarias. La elevación de los tipos de interés por parte de la Reserva Federal en 2007 para controlar la inflación, agravó la situación y tuvo una repentina contracción del crédito y una enorme volatilidad de los valores bursátiles, lo que llevó a una repentina caída de las bolsas de valores de todo el mundo.

En España, la falta de medidas de control por parte de la Administración Pública en la concesión de créditos destinados a la adquisición y construcción de viviendas, así como la ausencia de medidas para acabar con la especulación inmobiliaria, agravó la intensidad y duración de la recesión provocada por la crisis hipotecaria en Estados Unidos.

La burbuja inmobiliaria estalló, lo que llevó a muchas empresas a suspender sus pagos bancarios y a enfrentarse a problemas en sus saldos. Dos grandes inmobiliarias, Martinsa Fadesa y Reyal Urbis, presentaron concurso de acreedores debido a sus grandes deudas. Además, el número de empresas del sector de la construcción y promoción inmobiliaria que se declararon en concurso aumentaron significativamente durante este período.

La consecuencia de esto fue un endurecimiento en la financiación y una mayor dificultad en el acceso al crédito para las empresas del sector inmobiliario. También se produjo una pérdida de confianza de los inversores en el sector inmobiliario. En general, el párrafo ilustra los efectos negativos de la crisis económica y la burbuja inmobiliaria en España en el sector de la construcción y la promoción inmobiliaria.

La acumulación de stock de viviendas sin vender es una muestra del desequilibrio entre la oferta y la demanda que se produjo en el mercado inmobiliario en España durante la burbuja. La construcción excesiva de viviendas, impulsada por la demanda y la facilidad para obtener financiación, llevó a un excedente de oferta que no pudo ser absorbido por el mercado.

Esta acumulación de stock de viviendas sin vender tuvo consecuencias negativas en la economía, ya que las constructoras tuvieron que hacer frente a unos costes fijos (como el pago de los préstamos) que no pudieron ser cubiertos por los ingresos obtenidos por la venta de viviendas. Esto llevó a un ajuste en el sector, con la suspensión de pagos de muchas empresas y la reducción de la actividad en el sector de la construcción, con el consiguiente impacto en el empleo.

En definitiva, la acumulación de stock de viviendas sin vender es un indicador del exceso de oferta generada durante la burbuja inmobiliaria y de las dificultades que tuvieron las constructoras para hacer frente a sus costes fijos y mantener su actividad.

Los bancos y cajas de ahorros se vieron muy afectados por el estallido de la burbuja inmobiliaria. Tuvieron que hacer frente a enormes pérdidas derivadas de préstamos que debían clasificarse como dudosos, y sus balances estaban llenos de activos inmobiliarios valorados a precios de burbuja, que eran desproporcionadamente superiores a su valor real de mercado.

Estas propiedades sobrevaluadas obligaron a los bancos a provisionar la diferencia de valor entre el valor de tasación y el valor de mercado. En cierta medida, esta situación podría haberse mitigado si no fuera por la práctica habitual de tomar posesión del inmueble en caso de impago de un préstamo hipotecario, en lugar de considerar el préstamo como moroso y provisionarlo como gasto.

Todos estos activos (préstamos incobrables, propiedades sobrevaluadas) fueron transferidos a una sociedad para sanear los balances de los bancos. En agosto de 2012, el Gobierno español aprobó la creación de un "banco malo" donde se podrían almacenar determinados activos financieros, especialmente dañados, para su desinversión, maximizando su rentabilidad. Así nació la Sociedad Gestora de Activos fruto de la Reestructuración del Sistema Bancario (SAREB), considerada como el "banco malo" de España.

La SAREB es una sociedad gestora de los activos transmitidos por las cuatro entidades nacionalizadas (BFA-Bankia, Catalunya Banc, NCC Banco-Banco Gallego y Banco de Valencia), así como por algunas entidades en proceso de reestructuración o resolución. SAREB es de propiedad privada en un 55%, siendo el 45% restante propiedad del sector público a través del Fondo de Reestructuración Ordenada Bancaria (FROB). El FROB puede obligar a cualquier entidad de crédito a traspasar activos tóxicos a aquella Sociedad Gestora cuya presencia en el balance de la entidad se considere perjudicial para su viabilidad.

La creación de la SAREB se considera un pilar del Gobierno del presidente Rajoy para sanear el sistema bancario español y reactivar el mercado inmobiliario. La compañía centraba su negocio en la venta de paquetes de activos inmobiliarios, valorados actualmente en unos 55.000 millones de euros, con el objetivo de obtener un beneficio del 15%.

En resumen, en 2008, el Fondo Monetario Internacional (FMI) alertó sobre el acelerado crecimiento de los precios de la vivienda en Europa debido a políticas macroeconómicas poco restrictivas, lo que desgastados desocupados en los mercados y especialmente en el sector de la vivienda.

El FMI dijo que la combinación de incrementos de precios en vivienda, el endeudamiento de particulares y la creciente concesión de créditos podría desembocar en una desaceleración o recesión, siendo el endeudamiento de los hogares lo más significativo a la hora de analizar la probabilidad de una recesión.

En 2011, el Banco de España destacó en su Informe de Estabilidad Financiera dos problemas fundamentales: el incremento de activos de dudoso cobro y el descenso en la concesión de crédito a particulares. En particular, el crédito hipotecario cayó un 1,6%. Además, la exposición de los al mercado inmobiliario era alta, por lo que se impulsaron medidas de transparencia en el mercado hipotecario, pero no fueron necesarias para evitar la crisis inmobiliaria.

Como consecuencia, se aprobaron nuevas medidas de saneamiento y recapitalización en 2012 para mejorar la confianza en el sector financiero español y para proceder a una correcta valoración de los activos. Entre estas medidas, se exigieron nuevos niveles de coberturas de los activos y disposiciones específicas para aquellos activos problemáticos

EL SECTOR INMOBILIARIO EN ESPAÑA

El sector inmobiliario en España ha sido tradicionalmente estable en términos de oferta de propiedades, con una gran cantidad de apartamentos o pisos y casas o chalets disponibles para la venta. Sin embargo, también es cierto que el sector ha experimentado algunos altibajos en los últimos años, especialmente en la década de 2000, cuando se produjo una burbuja inmobiliaria que tuvo un impacto significativo en la economía del país.

Desde entonces, se ha experimentado una recuperación gradual, impulsada en parte por la mejora de la economía del país y el aumento de la inversión extranjera en propiedades. La demanda de propiedades en España sigue siendo fuerte, aunque ha habido algunos cambios en las preferencias de los compradores en los últimos años.

Por ejemplo, la movilidad laboral sigue siendo un factor importante que impulsa la demanda de propiedades en España, pero también ha habido un aumento en la demanda de propiedades en zonas rurales y pequeñas ciudades debido a la pandemia de COVID-19 y el aumento del trabajo remoto.

Además, la dificultad para obtener financiamiento para la compra de una propiedad sigue siendo un factor clave, para muchos compradores potenciales, especialmente aquellos que buscan propiedades en áreas urbanas populares. Las condiciones de financiamiento han mejorado en los últimos años y es probable que la demanda de propiedades siga siendo fuerte en el futuro.

De acuerdo con un informe de la empresa inmobiliaria Savills, España se encuentra en el tercer lugar en Europa en términos de inversión inmobiliaria. Además, el régimen fiscal favorable para los inversores en el país ha atraído a muchos inversores extranjeros. Comparado con otros países europeos, los precios son moderados, lo que la convierte en una opción atractiva para los compradores de viviendas y los inversores.

Según los datos de Eurostat, España se sitúa en el cuarto lugar entre los países de la Unión Europea en términos de precios de la vivienda, después de Luxemburgo, Austria y Dinamarca. Sin embargo, el precio medio de la vivienda en España sigue siendo más bajo que en países como Francia, Reino Unido y Alemania.

En cuanto al mercado de alquiler, ha experimentado un crecimiento significativo en los últimos años. La dificultad para obtener financiamiento para comprar una propiedad ha llevado a muchas personas a buscar opciones de alquiler.

Según el informe de Fotocasa, el precio medio del alquiler en España aumentó un 3,8% en 2020. A pesar del aumento de los precios del alquiler, sigue siendo una opción atractiva para muchas personas que no pueden permitirse comprar una propiedad

El mercado inmobiliario español ha experimentado un ciclo de auge y caída en las últimas décadas, y la crisis financiera global de 2008 tuvo un impacto significativo en el sector.

Antes de la crisis, experimentó un crecimiento significativo en la construcción y los precios de las propiedades. Sin embargo, la fácil disponibilidad de crédito y la especulación inmobiliaria contribuyeron a una burbuja inmobiliaria que finalmente estalló en 2008. Esto provocó una disminución drástica de los precios de las propiedades y una disminución en la actividad de construcción.

Desde entonces, ha ido teniendo una recuperación gradual, pero los precios de las propiedades todavía no han alcanzado los niveles previos a la crisis.

La recuperación empezó siendo impulsada en parte por la baja tasa de los intereses y la recuperación económica de España. Según los datos del Instituto Nacional de Estadística (INE), el precio medio del metro cuadrado de la vivienda en España aumentó un 2,6% interanual en el primer trimestre de 2021. A pesar de este crecimiento, los precios de la propiedad siguen siendo inferiores a los niveles anteriores a la crisis.

El sector inmobiliario ha mejorado su regulación y se ha vuelto más responsable en sus prácticas, lo que ha ayudado a recuperar la confianza de los inversores y compradores. No obstante, sigue siendo importante mantener una evaluación cuidadosa de las condiciones del mercado antes de realizar inversiones o comprar una propiedad en España o en cualquier otro país.

En cuanto al mercado de compraventa de viviendas, se ha observado una disminución en el número de operaciones realizadas en los últimos años. En 2020, el número de operaciones de compraventa de viviendas fue de 415.748, lo que representa una disminución del 17,7% en comparación con el año anterior. Esta disminución puede atribuirse en parte a la pandemia de COVID-19, que ha afectado negativamente la economía española y ha desacelerado la actividad de compraventa.

El sector está experimentando un cambio en la demanda de viviendas por parte de los compradores. Los apartamentos y pisos pequeños son los más demandados en las grandes ciudades debido a su accesibilidad y ubicación céntrica. Esto se debe a que los hogares más pequeños son más asequibles, lo que los hace más accesibles para los compradores jóvenes y aquellos con presupuestos más limitados.

En cuanto a la ubicación, Madrid, y Barcelona son los principales mercados inmobiliarios de España debido a su importancia económica y su atractivo turístico. También son ciudades donde la demanda de viviendas es alta debido a la creciente población urbana y la falta de viviendas asequibles en las áreas centrales. Otras regiones populares entre los compradores extranjeros incluyen la Costa del Sol y Baleares debido a su clima cálido y su atractivo turístico.

Por otro lado, las viviendas más grandes y lujosas se han visto afectadas por la crisis y tienen una menor demanda en comparación con las viviendas más pequeñas y accesibles. Esto se debe en parte a que los compradores de viviendas de lujo son menos sensibles a los precios y pueden esperar a que los precios se estabilicen antes de realizar compras. Sin embargo, también puede deberse a un cambio en las preferencias de los compradores, quienes están buscando viviendas más prácticas y funcionales en lugar de aquellas que sean grandes y lujosas.

LA EVOLUCIÓN DEL SECTOR EN LAS ÚLTIMAS DÉCADAS

Durante las últimas dos décadas, la vivienda en España ha sido un tema candente. El auge del boom urbanístico, que se caracterizó por la construcción de muchas viviendas nuevas en áreas urbanas y costeras, fue impulsado por la creciente demanda de propiedades inmobiliarias tanto de residentes españoles como de extranjeros.

Sin embargo, la crisis económica de 2008 puso fin a este auge, y muchos propietarios se encontraron con hipotecas que no podían pagar, mientras que muchos edificios nuevos y sin vender se quedaron vacíos. Esta crisis tuvo un impacto significativo en el mercado de la vivienda en España, que tardó varios años en recuperarse.

A medida que la economía española se recuperaba y el turismo crecía, se produjo un cambio en el mercado inmobiliario: los pisos para turistas. Cada vez más propietarios comenzaron a alquilar sus apartamentos y pisos a turistas a través de plataformas en línea como Airbnb. En las principales ciudades españolas, el número de pisos turísticos aumentó rápidamente, llegando a representar una gran parte del mercado inmobiliario en algunas zonas.

Esta nueva tendencia ha tenido un impacto significativo en el mercado de la vivienda. En algunas ciudades, los alquileres se han disparado, y los residentes locales han tenido dificultades para encontrar viviendas asequibles. Además, la popularidad de los pisos turísticos ha llevado a un aumento de los precios de la vivienda en algunas zonas, lo que ha dificultado a los ciudadanos españoles el acceso a una. Esto ha sido especialmente cierto en las zonas más turísticas del país, donde los precios han subido considerablemente en los últimos años.

A medida que el mercado de la vivienda continúa evolucionando, cada vez hay más voces que abogan por una regulación más estricta de los pisos turísticos para proteger a los residentes locales y garantizar la sostenibilidad a largo plazo del sector inmobiliario.

Las ciudades españolas han comenzado a implementar regulaciones más estrictas para los pisos turísticos. Barcelona y Madrid han introducido límites en el número de pisos turísticos que pueden existir en ciertas áreas de la ciudad, y han aumentado las multas para aquellos que no cumplan con las regulaciones.

Además, algunas organizaciones y grupos de defensa de los derechos de los inquilinos han presionado para que se implementen medidas que protejan a los residentes locales. Entre ellas se encuentran la limitación de la duración máxima de los alquileres turísticos y la regulación de los precios de los alquileres a largo plazo.

Sin embargo, algunos críticos argumentan que las regulaciones pueden tener efectos negativos en el turismo y en la economía en general. También hay quienes defienden que los pisos turísticos son una forma legítima de generación de ingresos para los propietarios, aunque es una alternativa poco viable como viviendas de alquiler a largo plazo.

La situación es compleja, y hay argumentos válidos en ambos lados. Por un lado, es importante proteger a los residentes locales y garantizar la sostenibilidad del sector inmobiliario a largo plazo. Además, a medida que el mundo avanza hacia un futuro más sostenible, también se hace necesario que el sector se adapte a estas nuevas demandas y necesidades.

La preocupación por la sostenibilidad en la construcción y la promoción de viviendas es un tema cada vez más relevante para los consumidores, tanto a nivel nacional como internacional. La construcción sostenible es una práctica que busca reducir el impacto ambiental de la edificación y, al mismo tiempo, garantizar la rentabilidad a largo plazo de la inversión realizada en el proyecto. Además, se trata de un enfoque que mejora la calidad de vida de los residentes, ya que se enfoca en aspectos como la eficiencia energética, la calidad del aire interior, la gestión de residuos y el uso de materiales y recursos renovables.

La construcción sostenible es un compromiso ético con el medio ambiente y las generaciones futuras. Un enfoque sostenible en la construcción implica la elección cuidadosa de materiales y técnicas de construcción que minimicen el impacto ambiental de la edificación, así como el uso de energías renovables para reducir las emisiones de gases de efecto invernadero y los costos de energía a largo plazo.

La eficiencia energética en los edificios es un aspecto clave de la sostenibilidad en la construcción, ya que la mayoría de los edificios tienen un gran potencial para ahorrar energía mediante la optimización de su diseño y su uso. Asimismo, la gestión de residuos es otro aspecto crucial para lograr una construcción sostenible, ya que se busca reducir los desechos producidos durante la edificación y fomentar el reciclaje y la reutilización de materiales.

En este sentido, algunas promotoras inmobiliarias en España están apostando por la construcción de viviendas sostenibles y ecológicas, utilizando materiales reciclados y renovables, y sistemas de energía renovable. Estos proyectos no solo ayudan a reducir la huella de carbono del sector de la construcción, sino que también ofrecen una alternativa a los ciudadanos que buscan una vivienda más respetuosa con el medio ambiente.

Además de la sostenibilidad, también se ha hecho evidente la necesidad de una mayor innovación. En la actualidad, se caracteriza por un modelo tradicional y poco innovador, con una oferta limitada de viviendas y poca flexibilidad en cuanto a las opciones de financiamiento y propiedad.

Sin embargo, algunos innovadores en el sector de la vivienda en España están trabajando para cambiar esta situación. Se están desarrollando nuevas soluciones tecnológicas para mejorar la eficiencia en la construcción y la promoción de viviendas, así como plataformas en línea que permiten a los compradores y vendedores interactuar de forma más directa y eficiente.

La vivienda en España ha sido un tema importante en las últimas dos décadas, con cambios significativos en el sector inmobiliario desde el auge del boom urbanístico hasta la aparición de los pisos turísticos. Mientras que el turismo sigue siendo un motor económico importante para España, es necesario encontrar soluciones que permitan la coexistencia de los pisos turísticos con la necesidad de vivienda asequible para los ciudadanos españoles.

Además, también se hace evidente la necesidad de una mayor innovación y sostenibilidad en el sector de la vivienda en España. Con una mayor inversión en tecnología y sostenibilidad, es posible que el sector inmobiliario en España se adapte a las nuevas demandas y necesidades de los consumidores y se convierta en un líder en el mercado europeo e internacional.

El mercado inmobiliario español ha pasado por una serie

de transformaciones en las últimas décadas que han alterado significativamente el panorama del sector. Desde el auge urbanístico que tuvo lugar a principios del siglo XXI, hasta la irrupción de los pisos turísticos, el mercado de la vivienda en

España ha experimentado una serie de cambios que han tenido un impacto profundo en la vida de los residentes locales, especialmente en las zonas turísticas del país. En muchos casos, estas transformaciones han generado controversia y preocupación entre los residentes locales, que se ven afectados por el aumento de los precios y la pérdida de la identidad cultural de sus barrios.

Es esencial que los gobiernos implementen regulaciones efectivas que protejan los intereses de los residentes locales y garanticen la sostenibilidad a largo plazo del sector. En este sentido, la construcción sostenible emerge como una práctica cada vez más importante para los consumidores, ya que busca reducir el impacto ambiental de la edificación y mejorar la calidad de vida de los residentes. Además, la construcción sostenible también puede ser una oportunidad para fomentar la innovación y el desarrollo de nuevos productos y servicios, lo que puede generar nuevos empleos y oportunidades de negocio.

En última instancia, el sector inmobiliario está íntimamente ligado con el movimiento de las personas geográficamente, y por lo tanto, es esencial que los gobiernos implementen regulaciones efectivas que fomenten una sociedad estable y sana, que garantice el bienestar de todos sus ciudadanos. Para lograr este objetivo, es fundamental que se establezcan políticas que fomenten la construcción sostenible y que promuevan la inversión en infraestructuras y servicios que beneficien a la comunidad local. Solo de esta manera se podrá asegurar la sostenibilidad a largo plazo del sector y la protección de los derechos y necesidades de los ciudadanos locales.

EL MERCADO DE SEGUNDA MANO

El mercado inmobiliario de vivienda de segunda mano en España es uno de los sectores más importantes de la economía del país, y ha experimentado una gran evolución en las últimas décadas, impulsado por varios factores.

En las décadas de 1960 y 1970, la construcción de viviendas en España se aceleró, y en las décadas siguientes se produjo un auge del mercado inmobiliario, impulsado por la creciente demanda de viviendas y la financiación bancaria.

Sin embargo, la crisis financiera de 2008 tuvo un impacto significativo en el mercado, que se contrajo y experimentó una importante caída de los precios. A partir de 2014, comenzó a recuperarse, y la demanda de viviendas de segunda mano se ha mantenido en constante crecimiento.

En el mercado inmobiliario de España, la determinación del precio de una vivienda de segunda mano se rige por múltiples factores, entre los cuales destacan la ubicación y el estado de la propiedad.

La localización es uno de los factores más importantes que influyen en el valor de una vivienda de segunda mano en España. Las grandes ciudades y las zonas turísticas suelen presentar precios más elevados debido a la alta demanda de viviendas en esas áreas. Además, estas ubicaciones ofrecen una mayor accesibilidad a los servicios y atractivos turísticos, lo que las convierte en destinos muy atractivos para los compradores de propiedades.

El estado de la vivienda también es un factor crucial que influye en el precio de una propiedad de segunda mano. Las viviendas en buen estado y con mejoras y renovaciones, tales como la renovación de la cocina o del baño, la instalación de aire acondicionado, entre otras, suelen tener un mayor valor en el mercado debido a la comodidad y calidad que ofrecen a los futuros residentes.

Por otro lado, las propiedades que necesitan reformas o reparaciones, como las que presentan problemas estructurales o de infraestructura, pueden tener un precio significativamente menor en el mercado. Esto se debe a que los compradores potenciales deben invertir tiempo y recursos adicionales en la remodelación y reparación de la propiedad, lo que puede resultar en costos adicionales significativos.

Además de estos factores, existen otros elementos que también pueden afectar el precio de una vivienda de segunda mano en España, como la edad de la propiedad, la calidad de los materiales de construcción, la disponibilidad de aparcamiento, la proximidad a las zonas comerciales y de ocio, entre otros. Todos estos elementos deben ser considerados cuidadosamente por los compradores y vendedores al determinar el valor de una propiedad en el mercado inmobiliario.

El estado de la economía también influye en el mercado inmobiliario de vivienda de segunda mano. Cuando la economía está en auge y hay empleo, la demanda de viviendas aumenta y, por tanto, los precios también. Por el contrario, en periodos de recesión económica y crisis, la demanda de viviendas disminuye y los precios pueden experimentar una bajada.

El mercado inmobiliario de vivienda de segunda mano es un sector complejo que involucra a diferentes actores, cada uno de ellos con un papel fundamental en el proceso de compra y venta de propiedades. En primer lugar, encontramos a los propietarios de las viviendas, quienes tienen la propiedad de los bienes y desean venderlos para obtener un beneficio económico. Por otro lado, están los compradores potenciales, quienes buscan adquirir una vivienda que se ajuste a sus necesidades y presupuesto.

Asimismo, las agencias inmobiliarias también tienen un papel destacado en este mercado, ya que ofrecen servicios de intermediación entre compradores y vendedores. Estas agencias se encargan de promocionar las propiedades, realizar visitas y negociar las condiciones de venta.

Por último, pero no menos importante, encontramos a los bancos, quienes a menudo financian la compra de viviendas a través de préstamos hipotecarios. Estas instituciones financieras juegan un papel fundamental en el proceso de compra-venta, ya que pueden influir en la oferta y la demanda del mercado inmobiliario y en la fijación de los precios de las viviendas.

Las perspectivas de futuro son positivas, con un aumento previsto en la demanda y en los precios. La situación actual de la economía, con una recuperación tras la crisis financiera, ha impulsado el mercado inmobiliario, y se espera que la tendencia continúe en los próximos años. Además, el aumento de la población y la creciente demanda de viviendas para alquilar también contribuyen a la dinamización del mercado de viviendas de segunda mano.

Sin embargo, también hay algunos factores que pueden afectar a la evolución del mercado de vivienda de segunda mano en el futuro. Uno de ellos es la situación económica global, ya que cualquier crisis económica a nivel mundial puede afectar a la economía española y, por tanto, al mercado inmobiliario.

Durante una crisis económica, se produce un aumento del desempleo, una reducción de la actividad económica y una disminución de la confianza de los consumidores. Esto afecta directamente sobre la demanda de viviendas, lo que suele provocar una disminución de los precios y una menor actividad.

En el caso concreto de la economía española, la crisis económica mundial de 2008 tuvo un impacto significativo. En ese momento, el mercado inmobiliario español estaba en pleno auge, y la crisis provocó una caída de los precios de la vivienda y una disminución de la actividad. Además, la crisis financiera afectó al sector bancario español, lo que provocó una reducción de la financiación disponible para la compra de viviendas de segunda mano. Esto afectó tanto a los compradores como a los propietarios, que tuvieron dificultades para encontrar financiación para la compra o venta de viviendas.

Otro factor a tener en cuenta, es la evolución del mercado de alquiler, ya que si la demanda de alquileres sigue aumentando, puede afectar a la demanda de viviendas de segunda mano.

Según los datos proporcionados por el portal de estadísticas Epdata, el mercado de vivienda de segunda mano en España ha experimentado un crecimiento constante en los últimos años. En 2020 se registraron un total de 456.357 operaciones de compraventa de viviendas de segunda mano, lo que representa un aumento del 2,7% con respecto al año anterior. Este incremento se debe en gran medida al interés de los compradores por conseguir una vivienda más grande y confortable después del confinamiento debido a la pandemia del COVID-19.

A nivel regional, Madrid, Cataluña y Andalucía lideran el ranking de las comunidades autónomas con mayor número de operaciones de compraventa de viviendas de segunda mano en 2020, con un total de 87.105, 77.958 y 67.456 operaciones, respectivamente. Estas tres regiones representan casi el 55% del total de operaciones registradas en todo el país.

En cuanto al precio medio de las viviendas de segunda mano, en 2020 el precio medio por metro cuadrado se situó en los 1.769 euros, lo que representa un incremento del 1,4% con respecto al año anterior. De nuevo, las regiones de Madrid, Cataluña y País Vasco presentaron los precios más elevados, con un precio medio por metro cuadrado de 2.575 euros, 2.325 euros y 2.310 euros, respectivamente.

Por último, en cuanto al tiempo medio que se tarda en vender una vivienda de segunda mano en España, en 2020 se situó en los 8,8 meses, lo que representa un ligero incremento con respecto al año anterior. De nuevo, las regiones con los tiempos de venta más cortos son Madrid, Cataluña y País Vasco, con una media de 6,3 meses, 7,3 meses y 7,4 meses, respectivamente.

EL MERCADO DE OBRA NUEVA

En los últimos años, la construcción de obra nueva en ha sido uno de los temas más relevantes en el ámbito inmobiliario y económico del país. La demanda de viviendas ha experimentado un aumento constante, lo que ha llevado a una creciente necesidad de construcción de nuevas propiedades y al aumento del mercado inmobiliario. La recuperación económica del país después de la crisis financiera de 2008 ha sido uno de los principales factores que han impulsado este crecimiento. Además, la inversión extranjera en el sector inmobiliario español ha sido también un factor importante en este aumento, ya que muchos inversores han visto en España una oportunidad rentable para invertir en propiedades.

Asimismo, el aumento de la población y la urbanización del país han generado una mayor demanda de viviendas, especialmente en las grandes ciudades y en las zonas costeras. Sin embargo, aunque la construcción de obra nueva en España ha sido un sector en auge en los últimos años, también ha estado sujeto a fluctuaciones y cambios en la economía del país, lo que ha llevado a una cierta inestabilidad en el mercado inmobiliario.

En definitiva, la construcción de obra nueva en España es un tema complejo y dinámico que está en constante evolución, y que sigue siendo de gran interés para inversores y ciudadanos por igual.

El mercado ha experimentado un repunte significativo en el segundo trimestre de 2022, según los datos publicados por el Ministerio de Fomento. En concreto, se ha registrado un total de 21.386 viviendas nuevas iniciadas en dicho periodo, lo que supone un incremento del 18,5% con respecto al mismo trimestre del año anterior. Esta cifra es un indicador positivo que apunta a una tendencia alcista en la construcción de viviendas, una tendencia que ha venido manteniéndose durante los últimos años. Este aumento puede estar relacionado con diversos factores, como la mejora de las condiciones económicas, la creciente demanda de viviendas y el aumento de la confianza de los inversores en el mercado inmobiliario.

Además, esta tendencia puede tener un impacto positivo en la economía del país, ya que la construcción de viviendas es un sector importante en términos de empleo y crecimiento económico. En definitiva, el repunte en la construcción de viviendas es una señal de que el mercado inmobiliario está en una fase de crecimiento y de que hay motivos para ser optimistas en cuanto a su evolución futura.

Otro factor que ha contribuido al aumento de la construcción de obra nueva en España es la creciente demanda de viviendas por parte de la población. Cada vez más personas optan por comprar viviendas nuevas en lugar de viviendas de segunda mano debido a que estas suelen ser más eficientes energéticamente, cuentan con mejores instalaciones y están mejor adaptadas a las necesidades actuales de las familias.

Sin embargo, el elevado precio de las viviendas nuevas sigue siendo uno de los principales problemas en el mercado inmobiliario de obra nueva en España. El coste medio de una vivienda nueva en España en 2021 fue de 1.331 euros por metro cuadrado, lo que supone un aumento del 3,7% respecto al año anterior. Este aumento de precios ha provocado que muchas personas no puedan permitirse comprar una vivienda nueva.

La falta de suelo urbanizable en algunas zonas del país es otro de los problemas que afecta al mercado inmobiliario de obra nueva en España. La escasez de terrenos urbanizables en áreas urbanas ha llevado a un aumento en el precio del suelo, lo que ha encarecido el coste de construcción de nuevas viviendas. Esta situación ha dificultado la construcción de viviendas asequibles en algunas zonas, especialmente en las grandes ciudades.

A pesar de que el mercado inmobiliario de obra nueva en España ha enfrentado varios problemas, tales como la falta de liquidez, la dificultad para conseguir financiamiento, y la incertidumbre económica, ha experimentado un crecimiento constante en los últimos años. Este mercado ha demostrado ser muy resistente y ha logrado mantenerse en pie gracias al interés que ha generado en los compradores. De hecho, según datos proporcionados por la web epdata.es, en 2021 se han vendido un total de 62.156 viviendas de obra nueva en todo el país, lo que supone un aumento del 17,9% respecto al año anterior. Este crecimiento se debe en parte a la mejora de la situación económica y a la implementación de políticas que fomentan la inversión en el sector inmobiliario. Además, el aumento del interés en la compra de viviendas de obra nueva se debe a las ventajas que ofrece este tipo de propiedades, tales como su excelente estado, la posibilidad de personalización y la garantía de calidad en la construcción.

En cuanto a la distribución geográfica de las ventas de viviendas de obra nueva, la comunidad autónoma que más ha vendido en 2021 ha sido Andalucía, con un total de 11.156 unidades vendidas, seguida de cerca por la Comunidad de Madrid, con 10.238 unidades vendidas.

Además, el precio medio de la vivienda de obra nueva en España ha aumentado ligeramente en 2021, situándose en 2.587 euros por metro cuadrado, lo que supone un aumento del 1,2% respecto al año anterior. Es importante destacar que el precio medio de la vivienda de obra nueva varía significativamente en función de la ubicación geográfica.

En las zonas más demandadas, como Madrid o Barcelona, los precios son significativamente más altos, mientras que en otras regiones menos pobladas, los precios pueden ser más asequibles.

Por ejemplo, en Madrid y Barcelona el precio medio de la vivienda de obra nueva es significativamente más alto que en otras zonas del país, debido a la alta demanda y a la falta de suelo disponible para construir nuevas viviendas. Además, en algunas zonas turísticas de la costa mediterránea, el precio de la vivienda de obra nueva también es elevado debido a la alta demanda por parte de los compradores extranjeros.

A pesar de estos desafíos, el mercado inmobiliario de obra nueva en España sigue siendo atractivo tanto para los inversores como para los compradores particulares. Las empresas constructoras e inmobiliarias están invirtiendo en nuevas promociones y proyectos de construcción, y cada vez son más las personas que se deciden a comprar una vivienda de obra nueva.

La construcción tradicional de viviendas puede ser una fuente importante de emisiones de gases de efecto invernadero y otros contaminantes ambientales. Por lo tanto, la construcción de viviendas nuevas debe llevarse a cabo de manera sostenible y respetando el medio ambiente. Cada vez más empresas están adoptando prácticas sostenibles en la construcción de viviendas nuevas, utilizando materiales ecoamigables y tecnologías innovadoras para reducir el impacto ambiental. Desde la utilización de materiales reciclados, hasta la implementación de sistemas de energía renovable, la construcción sostenible ofrece una forma efectiva de abordar los desafíos ambientales y al mismo tiempo satisfacer las necesidades de vivienda de las comunidades. Al optar por la construcción sostenible, las empresas pueden no solo reducir su impacto ambiental, sino también ahorrar costos a largo plazo y mejorar la calidad de vida de los habitantes de las viviendas nuevas.

En definitiva, la construcción de obra nueva en España ha experimentado un notable aumento en los últimos años, impulsado por la recuperación económica del país y la creciente demanda de viviendas por parte de la población. Sin embargo, el elevado precio de las viviendas nuevas y la falta de suelo urbanizable en algunas zonas del país siguen siendo desafíos importantes para el mercado inmobiliario de obra nueva en España. A pesar de estos desafíos, el mercado inmobiliario de obra nueva en España sigue siendo un sector atractivo tanto para los inversores como para los compradores particulares, y se espera que siga creciendo en los próximos años gracias a la inversión en nuevas promociones y proyectos de construcción.

EL MERCADO DE ALQUILER TURÍSTICO

El mercado de alquiler turístico en España se ha consolidado como uno de los más importantes de Europa debido a su constante crecimiento en los últimos años. En efecto, los datos recientes muestran que, a pesar de las dificultades que ha enfrentado el sector turístico debido a la pandemia de COVID-19, el alquiler turístico en España ha experimentado un crecimiento del 26% respecto a 2020, lo que representa un aumento significativo en comparación con otros mercados europeos.

Este crecimiento ha sido impulsado en gran medida por la creciente demanda de alojamiento turístico en España, que sigue siendo uno de los destinos preferidos por los viajeros de todo el mundo. Además, la flexibilidad y la libertad que ofrece el alquiler turístico, en comparación con el alojamiento en hoteles, ha llevado a muchos turistas a optar por esta alternativa durante sus vacaciones.

Este auge en el mercado de alquiler turístico en España ha llamado la atención de las inmobiliarias, que están empezando a mostrar un mayor interés en este sector. De hecho, el alquiler turístico ofrece un rendimiento cuatro veces mayor que el alquiler tradicional, lo que lo convierte en una opción muy atractiva para los propietarios de viviendas. Para los turistas es una alternativa popular para aquellos que buscan una forma más cómoda y económica de hospedarse durante sus vacaciones.

Entre las regiones más solicitadas para este tipo de alojamiento se encuentran las Islas Baleares, las Islas Canarias, Cataluña, Andalucía y la Comunidad Valenciana, que ofrecen una amplia variedad de opciones para todos los gustos y presupuestos.

Las playas son, sin duda, uno de los principales atractivos turísticos de estas zonas. En las Islas Baleares, por ejemplo, se pueden encontrar algunas de las playas más hermosas de Europa, como Cala Agulla o Es Trenc, que atraen a miles de turistas cada año. En las Islas Canarias, por otro lado, las playas de arena volcánica y aguas cristalinas como Playa de las Teresitas o Playa de Maspalomas son un auténtico paraíso para los amantes del sol y el mar.

Pero no solo de playas vive el turismo en España. Cataluña, por ejemplo, es una región rica en patrimonio cultural y artístico, con ciudades como Barcelona, Girona o Tarragona que cuentan con importantes monumentos y museos. Andalucía, por su parte, es famosa por su gastronomía, su flamenco y sus ciudades llenas de historia y tradición, como Sevilla, Granada o Córdoba.

En cuanto a los precios, el alquiler turístico en España varía en función de la zona y la época del año. Durante la temporada alta, los precios pueden ser más elevados, especialmente en destinos muy populares como Ibiza o Marbella. Sin embargo, existen opciones para todos los presupuestos, con precios medios que oscilan entre los 70 y los 250 euros por noche, dependiendo de la ubicación y las características del alojamiento.

Según datos del Instituto Nacional de Estadística (INE), en el primer trimestre de 2021 había 1,7 millones de viviendas turísticas en España. Estas viviendas turísticas representan el 22,7% del total de viviendas en zonas turísticas. El 85% de las viviendas turísticas se encuentra en la costa o en las islas, lo que muestra que estas zonas son las más atractivas para los propietarios que desean alquilar sus viviendas a turistas.

El impacto económico del alquiler turístico en España es importante. Este sector contribuye al PIB del país y a la creación de empleo en el sector turístico. Además, el alquiler turístico puede tener efectos positivos en la economía local, ya que los turistas que alquilan viviendas turísticas suelen gastar más dinero en la zona que los turistas que se alojan en hoteles.

Continuando con el análisis, podemos observar que el auge del alquiler turístico en España ha tenido un impacto significativo en la economía del país. Según datos del Instituto Nacional de Estadística, en 2019, el turismo representó el 12,4% del PIB español. Además, en 2021, el alquiler turístico en España ha crecido un 26% respecto a 2020, lo que demuestra su creciente importancia económica.

Las inmobiliarias también han mostrado un mayor interés en el sector del alquiler turístico debido a su elevado rendimiento. Según Idealista, el alquiler turístico ofrece un rendimiento cuatro veces mayor que el alquiler tradicional. Esta rentabilidad tan atractiva es uno de los principales motivos por los que muchas personas están invirtiendo en viviendas para alquiler turístico.

Los precios medios de alquiler turístico en España oscilan entre los 70 y los 250 euros por noche, según la zona y la época del año. Estos precios pueden variar mucho dependiendo del destino y de la época del año, siendo especialmente elevados en temporada alta.

En el primer trimestre de 2021, había 1,7 millones de viviendas turísticas en España. Las viviendas turísticas representan el 22,7% del total de viviendas en zonas turísticas, lo que indica una importante proporción de la oferta de alojamiento. El 85% de las viviendas turísticas se encuentra en la costa o en las islas, lo que demuestra la importancia del turismo de sol y playa en España.

Aunque el alquiler turístico ha tenido un impacto económico positivo, también ha generado efectos negativos en la economía local. Por ejemplo, puede aumentar los precios de la vivienda en las zonas turísticas, lo que dificulta el acceso a la vivienda para los residentes locales.

Además, el alquiler turístico puede provocar la gentrificación de algunas zonas, lo que puede tener efectos negativos en la calidad de vida de los residentes locales.

Por un lado, el turismo masivo que atrae el alquiler turístico puede provocar la pérdida de identidad cultural en algunas zonas. Por otro lado, los residentes locales pueden sentir que su calidad de vida se ve afectada por el aumento del turismo y por la presencia de turistas en sus barrios. Además, el alquiler turístico puede provocar la saturación de algunos servicios, como los transportes públicos, lo que puede afectar negativamente a la calidad de vida de los residentes locales.

EL IMPACTO DEL COVID19 EN EL MERCADO INMOBILIARIO

La pandemia del COVID-19 ha tenido un efecto significativo en la industria inmobiliaria española, la cual se ha visto alterada de forma considerable en términos de la demanda y los precios de las viviendas. Antes de la aparición del virus, el mercado inmobiliario español experimentaba un período de crecimiento, caracterizado por un aumento en las ventas y alquileres de viviendas en los últimos años, junto con una alta demanda por parte de compradores extranjeros. Esta situación generó un incremento en los precios y una sensación de recuperación tras la crisis financiera de 2008.

No obstante, la llegada del COVID-19 cambió el escenario por completo, afectando de manera significativa al sector inmobiliario español. Durante los meses más críticos de la pandemia, el mercado se vio prácticamente paralizado, lo que generó una disminución en la demanda y una caída en los precios de las viviendas. Además, se presentó un aumento en la oferta de inmuebles en el mercado, lo que generó una mayor competencia y presión en los precios.

En este sentido, el sector inmobiliario español tuvo que enfrentar diversos desafíos a causa de la pandemia del COVID-19. Entre ellos, destaca la necesidad de adaptarse a las nuevas condiciones de mercado, lo que implica cambios en la forma en que se comercializan y venden las viviendas. Y es aquí donde los asesores inmobiliarios se esforzaron por adaptarse a las nuevas tecnologías y aprovecharon herramientas que hasta ahora no estaban utilizando. En concreto, los asesores inmobiliarios han utilizado las visitas virtuales para mostrar las viviendas a los posibles compradores. Estas visitas permiten a los compradores recorrer la propiedad desde la comodidad de su hogar, lo que reduce el riesgo de exposición al virus y aumenta la eficiencia de las operaciones de venta.

Además, los paseos en vivo por los inmuebles son una forma innovadora de ofrecer visitas guiadas en tiempo real. Los asesores inmobiliarios pueden realizar una videoconferencia con sus clientes y caminar por la propiedad, mostrándoles cada detalle y respondiendo sus preguntas en tiempo real. De esta manera, los compradores pueden tener una experiencia similar a la de una visita presencial, pero sin tener que salir de sus hogares.

La utilización de estas herramientas tecnológicas también ha permitido a los asesores inmobiliarios adaptarse a las necesidades de los clientes que no pueden viajar o que prefieren evitar el contacto físico en la medida de lo posible. En definitiva, el sector inmobiliario español ha encontrado en las nuevas tecnologías una herramienta valiosa para superar los desafíos de la pandemia y ofrecer una experiencia de compra de vivienda más segura y eficiente.

A medida que la pandemia del COVID-19 se propagaba por todo el mundo, las autoridades gubernamentales comenzaron a tomar medidas para prevenir su propagación y frenar su impacto en la sociedad. Entre estas medidas se encontraban el cierre de negocios y la implementación de medidas de distanciamiento social. Aunque estas medidas fueron efectivas para reducir la propagación del virus, tuvieron un impacto negativo en la economía, ya que llevaron a una disminución en la actividad económica y al aumento del desempleo.

Como resultado, muchas personas experimentaron una reducción en sus ingresos, lo que se tradujo en una disminución en su capacidad adquisitiva. Esto afectó la demanda de viviendas, ya que muchas personas perdieron sus empleos o tuvieron que ajustar su presupuesto debido a la crisis económica. De hecho, según los datos del INE, durante el segundo trimestre de 2020, el número de transacciones de viviendas en España se redujo en un 18,6% en comparación con el mismo período del año anterior.

Como resultado de la disminución en la demanda de viviendas, los precios del mercado inmobiliario también se vieron afectados. Durante el mismo período mencionado anteriormente, los precios de la vivienda disminuyeron en un 1,8%. Esta caída se debió en gran parte a la reducción en la demanda, lo que llevó a una disminución en los precios. Esta caída en los precios de la vivienda no solo afectó a los propietarios de viviendas, sino también a los inversores que tenían propiedades en el mercado inmobiliario.

Es importante señalar que antes de la llegada de la pandemia del COVID-19, el mercado inmobiliario en España había experimentado un notable aumento de los precios, especialmente en ciudades como Madrid y Barcelona, donde la demanda de viviendas superaba ampliamente la oferta disponible.

Sin embargo, la llegada de la pandemia del COVID-19 y la consecuente paralización de la actividad económica y turística del país, provocó un importante cambio en la dinámica del mercado.

La falta de turismo, uno de los principales motores de la economía española, sumado a la disminución del poder adquisitivo de la población local, tuvo como consecuencia una importante disminución de la demanda de viviendas y, por lo tanto, una caída significativa en los precios del sector inmobiliario.

La pandemia del COVID-19 tuvo un impacto significativo en el mercado inmobiliario español, afectando tanto la oferta como la demanda de viviendas y provocando una caída en los precios del sector.

Esta situación se convirtió en un gran desafío para los propietarios y compradores de viviendas en las ciudades más importantes de España, quienes tuvieron que adaptarse a una nueva realidad en la que los precios de las viviendas disminuían rápidamente y la oferta de propiedades aumentaba.

No obstante, la situación comenzó a mejorar en el segundo semestre de 2020. A medida que se fueron levantando las restricciones y la economía comenzó a recuperarse, la demanda de viviendas volvió a aumentar. Según datos de Idealista, el número de búsquedas de viviendas en venta en Barcelona aumentó en un 36% en octubre de 2020, en comparación con el mes anterior.

La tendencia hacia el teletrabajo y la mayor importancia de la calidad de vida han llevado a un aumento de la demanda de viviendas en zonas rurales y de costa, lo que ha llevado a un aumento de los precios en estas áreas. La necesidad de espacio y de contar con zonas exteriores ha llevado a un aumento de la demanda de viviendas con terraza o jardín, especialmente en las zonas más urbanas. La pandemia también ha llevado a un cambio en las preferencias de los compradores y en las características de las viviendas más demandadas.

La pandemia también ha llevado a un cambio en las preferencias de los compradores y en las características de las viviendas más demandadas. Muchos propietarios decidieron cambiar de tipo de vivienda en un momento determinado, al sentirse demasiado alejados de los servicios y comodidades que ofrece el centro urbano, lo que les hizo replantearse su situación actual. Otros, por su parte, sentían que su hogar no cumplía con todas las características y prestaciones que necesitaban, como la falta de un balcón o una terraza, lo que dificultaba su día a día y limitaba su calidad de vida. En este sentido, resulta interesante destacar que los pisos con balcones o terrazas se han convertido en una de las características más buscadas por los compradores, ya que ofrecen un espacio exterior donde disfrutar del aire libre sin salir de casa.

Además, la pandemia también ha impulsado la búsqueda de viviendas más amplias, ya que muchas personas han tenido que adaptarse a trabajar desde casa y necesitan un espacio dedicado a su trabajo. También ha aumentado la demanda de viviendas con zonas comunes, como piscina, jardín, gimnasio o sala de reuniones, ya que los propietarios buscan opciones de ocio y entretenimiento sin tener que salir de su hogar.

En los últimos años, se ha observado un cambio significativo en la preferencia de la ubicación de las viviendas por parte de las personas. La tendencia predominante ha sido la de alejarse de las grandes ciudades en busca de un ambiente más relajado y cercano a la naturaleza. Como resultado, ha habido un aumento notable en la demanda de viviendas en las zonas periféricas y rurales. Estas áreas ofrecen un ambiente más tranquilo y saludable, donde los residentes pueden disfrutar de la naturaleza y alejarse del bullicio y el estrés de la ciudad.

Además de la preferencia por las zonas rurales, también se ha observado un aumento en la demanda en pequeñas ciudades. Ofrecen una buena calidad de vida y una amplia oferta de servicios, sin las aglomeraciones y el ritmo frenético de las ciudades. Son una mezcla perfecta de la comodidad de la vida urbana y la tranquilidad de las zonas rurales, lo que las convierte en una opción popular para aquellos que buscan una vida más relajada y sin estrés.

En general, el cambio en la preferencia de la ubicación de las viviendas está impulsado por una búsqueda de una mejor calidad de vida. La gente está buscando un ambiente tranquilo y saludable donde puedan disfrutar de su tiempo libre y vivir una vida más relajada. Este cambio en la preferencia ha llevado a un aumento en la demanda de viviendas en áreas periféricas y rurales, así como en pequeñas ciudades, lo que está cambiando la dinámica de la industria inmobiliaria.

En conclusión, la pandemia ha tenido un impacto significativo en el mercado inmobiliario, provocando cambios en las preferencias y necesidades de los compradores. Las viviendas con espacios exteriores y zonas comunes son las más buscadas, mientras que la localización ha pasado a ser un factor importante a la hora de elegir una vivienda.

Todo ello ha supuesto un reto para el sector inmobiliario, que ha tenido que adaptarse a las nuevas demandas del mercado para poder seguir ofreciendo opciones atractivas a los compradores.

Los precios de la vivienda en España

El mercado inmobiliario en España es un tema de gran interés para muchos ciudadanos, así como para el sector inmobiliario en general. La evolución de los precios de la vivienda en el país ha sido objeto de un análisis constante en los últimos años, debido a una serie de factores que han afectado significativamente al mercado. Entre estos factores se encuentran la crisis económica de 2008, la oferta y la demanda de vivienda, la situación del mercado laboral, las políticas fiscales y monetarias del gobierno, entre otros.

A pesar de la fluctuación del mercado, según los últimos datos publicados por el Instituto Nacional de Estadística (INE), el precio medio de la vivienda en España en el tercer trimestre de 2021 fue de 1.381 euros por metro cuadrado, lo que representa un aumento del 2,1% con respecto al mismo período del año anterior. Es importante señalar que este aumento en los precios ha sido más moderado que el del segundo trimestre de 2021, que registró un crecimiento del 4,4%.

Esta desaceleración en la tasa de crecimiento puede

deberse a varios factores, como la situación económica actual del país, el aumento de los tipos de interés o la disminución de la demanda de vivienda. Sin embargo, los expertos del sector inmobiliario predicen que los precios de la vivienda seguirán aumentando en los próximos años, aunque a un ritmo más lento que en el pasado.

Por otro lado, el número de transacciones inmobiliarias en España ha aumentado en los últimos años, lo que sugiere una mayor actividad en el mercado inmobiliario. Según los datos del INE, en agosto de 2021 se registraron 41.824 transacciones de viviendas, lo que representa un aumento del 18,3% con respecto al mismo mes del año anterior. Además, el número de hipotecas concedidas para la compra de vivienda también ha aumentado en los últimos años. En agosto de 2021, se concedieron 33.163 hipotecas, lo que representa un aumento del 33,3% con respecto al mismo mes del año anterior.

La evolución de los precios de la vivienda varía considerablemente según la comunidad autónoma y la zona geográfica. Según los datos del INE, las comunidades autónomas con los precios más altos por metro cuadrado en el tercer trimestre de 2021 fueron País Vasco (2.612 euros), Madrid (2.424 euros) y Cataluña (2.336 euros). Por otro lado, las comunidades autónomas con los precios más bajos por metro cuadrado fueron Extremadura (837 euros), Castilla-La Mancha (880 euros) y Murcia (1.074 euros).

Tinsa, una empresa especializada en valoración de activos inmobiliarios, ofrece información más detallada sobre los precios de la vivienda en España. Según sus datos, el precio medio de la vivienda en España en el cuarto trimestre de 2021 fue de 1.571 euros por metro cuadrado. Esto representa un aumento del 4,8% con respecto al mismo período del año anterior. Según Tinsa, este aumento de los precios de la vivienda se debe a una mayor demanda de vivienda y a una oferta limitada, lo que ha generado una mayor competencia entre los compradores.

Tinsa también proporciona información sobre la evolución de los precios de la vivienda por tipo de vivienda y por zona geográfica. Según sus datos, los precios de la vivienda nueva aumentaron un 2,2% en el cuarto trimestre de 2021, mientras que los precios de la vivienda de segunda mano aumentaron un 5,4%. Esto sugiere que los compradores están optando cada vez más por la vivienda de segunda mano debido a su mayor disponibilidad y a precios más accesibles.

Un informe reciente realizado por Tinsa, una de las principales empresas de tasación y valoración inmobiliaria, revela que la evolución de los precios de la vivienda en diferentes zonas geográficas ha variado significativamente durante el último trimestre del año 2021. En este sentido, se destaca que las zonas costeras y las grandes ciudades han experimentado un mayor aumento de precios en comparación con las zonas rurales. En particular, se observó que los precios de la vivienda en la costa mediterránea se incrementaron en un 7,1% con respecto al mismo período del año anterior, mientras que en las grandes ciudades el aumento fue del 5,8%. Por otro lado, las zonas rurales han mantenido precios más estables, registrando un aumento del 2,3%. Es importante destacar que estos resultados podrían estar relacionados con una mayor demanda de viviendas en zonas urbanas y costeras, como resultado de factores como el cambio de hábitos y la búsqueda de una mejor calidad de vida en lugares con mayor oferta de servicios y entretenimiento.

La pandemia de la COVID-19 ha tenido un impacto significativo en el mercado inmobiliario español, el cual ha pasado por una serie de cambios y fluctuaciones a lo largo de los últimos años. Durante los primeros meses de la pandemia, el mercado experimentó una importante reducción en su actividad debido a las medidas de restricción de movilidad y a la incertidumbre económica. Sin embargo, a medida que se fue recuperando la actividad económica y se levantaron las restricciones, la demanda de vivienda experimentó un crecimiento significativo.

Este crecimiento se debió en gran parte a que muchas personas, tras la experiencia del confinamiento, buscaron viviendas más grandes o con espacios al aire libre, lo que generó un aumento en la demanda de vivienda en las afueras de las grandes ciudades. De esta forma, se pudo observar una tendencia hacia la búsqueda de una mayor calidad de vida, alejada del bullicio y el agotamiento que a menudo caracterizan a las ciudades. Además, el aumento de la demanda de vivienda también ha llevado a un incremento en el valor de las propiedades inmobiliarias, lo que ha generado una oportunidad para aquellos que desean invertir en el mercado inmobiliario.

En el mercado inmobiliario español, las políticas fiscales y monetarias del gobierno han sido un factor clave que ha afectado tanto a la oferta como a la demanda de viviendas. En 2013, el gobierno español implementó una serie de medidas con el objetivo de fomentar la demanda de vivienda, como la reducción del impuesto sobre transmisiones patrimoniales y la introducción de un programa de ayudas para la compra de vivienda. Estas iniciativas han contribuido a una tendencia alcista en los precios de las viviendas durante los años siguientes a su implementación.

Además, estas medidas también han tenido un impacto en la oferta de viviendas en el mercado inmobiliario español. Por ejemplo, la reducción del impuesto sobre transmisiones patrimoniales ha incentivado a los propietarios a vender sus propiedades, lo que ha aumentado la oferta de viviendas en el mercado. Asimismo, el programa de ayudas para la compra de vivienda ha incentivado a los constructores a aumentar la producción de viviendas para satisfacer la creciente demanda, lo que también ha afectado la oferta de viviendas.

En cuanto a las políticas monetarias, el Banco Central

Europeo (BCE) ha mantenido unos tipos de interés muy bajos en los últimos años para estimular la economía y combatir la inflación. Esto ha generado un entorno de bajos tipos de interés que ha favorecido el acceso al crédito para la compra de vivienda. Sin embargo, la subida de los tipos de interés comienza a afectar a la capacidad de los compradores para acceder al crédito y, por lo tanto, afectar a los precios de la vivienda, en lo que va de año, el metro cuadrado de las viviendas compradas en febrero de 2023 alcanzó los 1.582 euros.

LOS FACTORES QUE INFLUYEN EN EL PRECIO DE LA VIVIENDA

El precio de una vivienda puede verse afectado por una amplia variedad de factores, que pueden ser de naturaleza física o socioeconómica. Los factores físicos están directamente relacionados con las características de la vivienda, tales como su ubicación, tamaño, calidad de la construcción y el estado de conservación. Estos factores pueden ser manipulados por el propietario de la vivienda, ya que pueden realizar mejoras o reparaciones que aumenten el valor de la propiedad.

Por otro lado, los factores socioeconómicos son externos y están fuera del control del propietario de la vivienda. Estos factores incluyen la demanda y la oferta en el mercado inmobiliario, la situación económica general del país, los niveles de ingresos y la tasa de interés. Por ejemplo, si la economía de un país está en crecimiento y hay una alta demanda de viviendas, es probable que el precio de las propiedades aumente. Asimismo, si hay una alta tasa de interés, es posible que el precio de las viviendas disminuya debido a la menor demanda de hipotecas.

El precio de una vivienda es el resultado de una compleja interacción entre factores físicos y socioeconómicos, que pueden ser manipulados en mayor o menor medida por el propietario de la propiedad.

La ubicación geográfica es un factor crucial a considerar al momento de evaluar una propiedad inmobiliaria, ya que puede tener un gran impacto en su valor y en la calidad de vida de quienes la habitan. En este sentido, es importante destacar que la ubicación no se limita simplemente a la ciudad o al país donde se encuentra la propiedad, sino que también se refiere a la zona específica en la que está ubicada. De hecho, la diferencia entre una propiedad situada en una zona exclusiva y céntrica de una gran ciudad, y otra ubicada en las afueras o en una zona menos popular, puede ser abismal tanto en términos de valor como de calidad de vida.

Por otra parte, la proximidad a servicios y amenidades también es un factor clave que influye en la ubicación de una propiedad. La cercanía a tiendas, escuelas, transporte público, parques y centros de ocio puede hacer una gran diferencia en la cotidianidad de quienes residen en la zona. Por ejemplo, vivir cerca de una estación de transporte público puede significar una mayor facilidad para desplazarse por la ciudad, mientras que tener acceso a parques y centros de ocio puede contribuir al bienestar emocional y físico de los residentes. Asimismo, contar con tiendas y servicios cercanos puede ser especialmente conveniente para aquellos que tienen una vida activa y ocupada, ya que les permite ahorrar tiempo y simplificar sus tareas diarias.

La interacción entre la oferta y la demanda es un elemento fundamental que influye en la dinámica de los mercados. Cuando existe una mayor demanda que oferta de un producto o servicio, se genera una competencia entre los compradores por adquirirlo, lo que implica una presión al alza en los precios. Los vendedores, conscientes de esta situación, tienen la capacidad de aumentar sus precios para maximizar sus beneficios.

En contraposición, si la oferta supera a la demanda, los vendedores se ven obligados a atraer a los compradores mediante la reducción de los precios. En este caso, la competencia se da entre los vendedores que ofrecen el mismo producto o servicio y necesitan distinguirse del resto para captar la atención de los compradores.

La dinámica entre oferta y demanda es un aspecto crucial a la hora de entender cómo funcionan los mercados y cómo se determinan los precios de los bienes y servicios. En definitiva, cuando la economía del país está en auge y hay empleo, los precios de la vivienda suelen subir debido a la mayor capacidad de la población para adquirir una vivienda. Por el contrario, durante una recesión económica, los precios pueden bajar debido a la menor demanda y la necesidad de los vendedores de atraer a los compradores.

Las políticas fiscales desempeñan un papel fundamental en el mercado de la vivienda, ya que pueden incentivar o desalentar la compra de viviendas y, por lo tanto, afectar la oferta y la demanda de las mismas. Por ejemplo, cuando se ofrecen incentivos fiscales para la compra de viviendas, como reducciones en los impuestos o créditos fiscales, esto puede aumentar la demanda de viviendas, lo que a su vez puede conducir a un aumento en los precios de la vivienda. Por otro lado, las políticas fiscales que gravan fuertemente la compra de viviendas, como aumentar los impuestos de transferencia o introducir impuestos a la propiedad, pueden disuadir a los compradores y reducir la demanda de viviendas, lo que puede llevar a una caída en los precios de la vivienda.

Es importante tener en cuenta que la relación entre las políticas fiscales y los precios de la vivienda no siempre es lineal y puede ser afectada por otros factores como la oferta y la demanda del mercado inmobiliario, la situación económica general del país, las tendencias demográficas y los cambios en las tasas de interés. Además, las políticas fiscales no son la única herramienta que los gobiernos pueden utilizar para influir en el mercado de la vivienda, ya que también pueden implementar regulaciones y políticas de planificación urbana que afectan la oferta y la demanda de viviendas en una determinada área. En resumen, las políticas fiscales son una herramienta importante para el control del mercado de la vivienda, pero deben ser utilizadas con precaución y en conjunto con otras políticas para lograr resultados óptimos.

Cuando las tasas de interés son bajas, los compradores tienen la oportunidad de obtener una hipoteca a un costo menor, lo que les permite pagar menos intereses durante el plazo del préstamo. Esta situación puede aumentar la demanda de viviendas, ya que los compradores pueden permitirse adquirir una propiedad más grande o en una ubicación mejor. Además, los propietarios existentes pueden refinanciar sus hipotecas a una tasa de interés más baja, lo que les permite reducir sus pagos mensuales y aumentar su poder adquisitivo.

Por otro lado, cuando las tasas de interés son altas, los compradores pueden ser menos propensos a adquirir una vivienda debido al mayor costo de financiamiento. En este caso, la demanda de viviendas puede disminuir, lo que puede llevar a una reducción en los precios de las propiedades. Además, los propietarios existentes pueden ser menos propensos a refinanciar sus hipotecas debido a las tasas de interés más altas, lo que puede limitar su capacidad de gastar en otras áreas.

En general, las tasas de interés juegan un papel crucial en el mercado de la vivienda y pueden tener un impacto significativo en la demanda y los precios de las propiedades. Es importante considerar las condiciones económicas actuales y las proyecciones futuras de las tasas de interés al tomar decisiones sobre la compra o venta de una propiedad.

El estado general de una vivienda es un factor clave en la determinación de su valor. Los propietarios pueden mejorar el precio de su propiedad a través de renovaciones, reparaciones y presentación adecuada. Al realizar estas mejoras, los propietarios pueden aumentar la demanda de la propiedad y obtener un mejor precio en el mercado.

Una manera de mejorar el estado de una vivienda es a través de renovaciones y reparaciones. Invertir en la renovación de la cocina, baños, o la instalación de sistemas de aire acondicionado, calefacción, entre otros, puede influir en el precio final de la propiedad. Además, la calidad de los materiales de construcción y los acabados pueden aumentar el valor percibido de la propiedad.

Otro aspecto importante a considerar es la presentación de la vivienda. Es importante mantener la propiedad limpia y organizada para que los compradores puedan ver el potencial de la propiedad. Además, la decoración puede influir en la percepción de la propiedad. Un diseño interior atractivo y actualizado puede hacer que una propiedad se destaque entre la competencia.

Las regulaciones gubernamentales son determinantes sobre los precios de la vivienda. Además de las restricciones de zonificación y la limitación del terreno urbano disponible, existen otras medidas que pueden impactar significativamente en el costo de la vivienda. Por ejemplo, las normativas de construcción pueden imponer requisitos técnicos más exigentes, lo que puede aumentar el costo de la construcción de nuevas viviendas y, por ende, influir en los precios de la vivienda existente.

Otro aspecto relevante son las regulaciones medioambientales, que pueden afectar tanto a la construcción de nuevas viviendas como a la renovación de viviendas existentes. Estas normativas imponen requisitos específicos para garantizar la sostenibilidad ambiental de las viviendas y reducir el impacto negativo en el entorno. Si bien estas regulaciones son necesarias para proteger el medio ambiente, también pueden influir en los precios de la vivienda, ya que su cumplimiento puede ser costoso.

Además, existen políticas públicas específicas para fomentar la construcción de viviendas sociales o asequibles. Estas políticas pueden incluir subvenciones para la construcción de viviendas asequibles, incentivos fiscales para la adquisición de viviendas por parte de personas con bajos ingresos o la regulación de los precios del alquiler en zonas específicas. Estas medidas pueden ayudar a reducir el costo de la vivienda para personas con menos recursos, pero también pueden tener un impacto indirecto en el mercado inmobiliario en general.

Las tendencias demográficas están cambiando rápidamente y pueden tener un impacto significativo en el mercado inmobiliario. El envejecimiento de la población es un factor importante que puede afectar la demanda de viviendas. A medida que la población envejece, muchas personas mayores optan por vivir en residencias de la tercera edad o en hogares más pequeños, lo que puede disminuir la demanda de viviendas más grandes y aumentar la demanda de propiedades más pequeñas. Además, la disminución de la tasa de natalidad también puede afectar el mercado inmobiliario, ya que menos personas jóvenes están comprando viviendas.

Otro factor importante a tener en cuenta es la evolución de la composición familiar en España. Los hogares unipersonales están aumentando en número, y esto puede tener un impacto significativo en la demanda de viviendas. A medida que más personas deciden vivir solas, la demanda de viviendas más pequeñas puede aumentar, y esto podría llevar a una disminución en los precios de las viviendas más grandes.

Además, la disminución de hogares con hijos también puede influir en la demanda de viviendas. Muchas familias están optando por tener menos hijos o no tener hijos en absoluto, lo que puede llevar a una disminución en la demanda de viviendas más grandes. En lugar de eso, la demanda de viviendas más pequeñas y asequibles podría aumentar, especialmente en las ciudades más grandes, donde los precios de las viviendas son más altos.

LAS HIPOTECAS EN ESPAÑA

El mercado hipotecario en España ha experimentado algunos cambios en los últimos años, especialmente después de la crisis financiera de 2008. Sin embargo, en la actualidad, se puede decir que el mercado hipotecario español se encuentra en una fase de recuperación.

Desde hace unos años, los precios han estado aumentando de manera constante, lo que ha llevado a un aumento en la demanda de hipotecas. Los bancos y las instituciones financieras han respondido a esta demanda con una oferta de productos hipotecarios más amplia y con mejores condiciones para los clientes.

En los últimos años, los tipos de interés hipotecarios en España han sido relativamente bajos, lo que ha hecho que la compra de una vivienda sea más asequible para muchas personas. Además, se han introducido nuevas regulaciones que protegen a los consumidores y promueven la transparencia en el mercado hipotecario.

Entre estas regulaciones se encuentra la Ley de Crédito Inmobiliario, que entró en vigor en 2019 y establece una serie de medidas para proteger a los consumidores. Por ejemplo, obliga a las entidades financieras a proporcionar información clara y detallada sobre los costes de la hipoteca y las condiciones del contrato.

Otra medida importante es la limitación de los gastos hipotecarios, que establece que los gastos de constitución de la hipoteca deben ser pagados por los bancos y no por los clientes. Esta medida ha reducido los costes asociados a la compra de una vivienda y ha hecho que sea más asequible para muchos compradores.

A pesar de la recuperación del mercado hipotecario español, todavía hay algunos retos que deben ser abordados. Uno de ellos es la falta de acceso a la vivienda para los jóvenes y los grupos más vulnerables de la sociedad. También hay preocupaciones en cuanto a la estabilidad del mercado hipotecario, especialmente en caso de una posible recesión económica.

En 2020, el mercado hipotecario también se vio afectado por la crisis económica causada por la pandemia de COVID-19. La incertidumbre económica y la disminución de la actividad inmobiliaria llevaron a una disminución en la demanda de hipotecas. Sin embargo, el gobierno español y el Banco Central Europeo respondieron con medidas de estímulo económico y financieras, lo que ha permitido una recuperación gradual del mercado hipotecario.

Además, en 2021, se produjo un cambio en la regulación hipotecaria española que ha tenido un impacto significativo en el mercado. La nueva ley de medidas de apoyo al sector financiero, conocida como la "ley de novación hipotecaria", establece nuevas medidas para proteger a los consumidores y mejorar la transparencia en el mercado hipotecario. Entre otras cosas, esta ley establece límites a las comisiones que los bancos pueden cobrar a los clientes por la cancelación anticipada de la hipoteca.

En 2023, se espera que el mercado hipotecario continúe mostrando signos de recuperación y crecimiento. A pesar de que la incertidumbre económica sigue siendo una preocupación, las medidas de estímulo económico y financiero implementadas por el gobierno y el Banco Central Europeo han ayudado a estabilizar el mercado.

Una de las principales tendencias que se espera ver este año es un aumento en la demanda de hipotecas a tipo fijo. A pesar de que los tipos de interés siguen siendo relativamente bajos, la incertidumbre económica y la posibilidad de aumentos futuros en los tipos de interés han llevado a muchos consumidores a buscar opciones de hipoteca más estables y predecibles. Además, los bancos están ofreciendo cada vez más opciones de hipoteca a tipo fijo con condiciones atractivas.

Otra tendencia importante es la creciente demanda de hipotecas verdes o sostenibles. Cada vez más consumidores están interesados en comprar viviendas con un menor impacto ambiental y los bancos están respondiendo ofreciendo hipotecas verdes que fomentan la eficiencia energética y el uso de materiales sostenibles. Además, existen incentivos y ayudas públicas para la adquisición de viviendas sostenibles, lo que podría impulsar aún más esta tendencia.

En cuanto a las expectativas, se espera que los tipos de interés se mantengan bajos en el corto plazo, lo que seguirá fomentando la demanda de hipotecas. Sin embargo, algunos expertos advierten que podría haber un aumento en los tipos de interés a medio y largo plazo, lo que podría afectar a los pagos mensuales de los hipotecados.

En cualquier caso, se espera que el mercado hipotecario español siga siendo un sector en evolución y en crecimiento, con una mayor variedad de productos y una mayor protección para los consumidores. A medida que se implementen nuevas medidas regulatorias y se introduzcan nuevas opciones de hipoteca, los consumidores podrán acceder a opciones cada vez más adaptadas a sus necesidades y preferencias. En definitiva, se espera que el mercado hipotecario español continúe evolucionando para satisfacer las necesidades de los consumidores y contribuir al crecimiento económico del país.

En los últimos años, el mercado hipotecario en España ha sufrido cambios significativos. Uno de los aspectos que ha cobrado mayor relevancia en este sentido es el esfuerzo hipotecario, es decir, la proporción de los ingresos de los hogares que se destinan al pago de la hipoteca, este esfuerzo hipotecario ha alcanzado cifras históricas en España, llegando a representar el 38% del sueldo de los hogares.

Esta cifra resulta preocupante, ya que no se había alcanzado un nivel de esfuerzo hipotecario tan alto desde hace varias décadas. El artículo señala que esta situación es el resultado de una combinación de factores, como el aumento de los precios de la vivienda, el incremento de los tipos de interés y la prolongación de los plazos de las hipotecas.

El aumento de los precios de la vivienda es uno de los principales factores que ha contribuido a este incremento del esfuerzo hipotecario. En los últimos años, los precios de la vivienda han experimentado una importante subida, especialmente en ciudades como Madrid o Barcelona. Esta situación ha hecho que el acceso a la vivienda sea cada vez más difícil para muchas personas y que el esfuerzo hipotecario sea mayor.

Otro de los factores que ha contribuido a esta situación es el aumento de los tipos de interés. En los últimos años, los tipos de interés han ido subiendo poco a poco, lo que ha hecho que los intereses de las hipotecas sean más elevados. Esto se traduce en que los hogares tengan que dedicar una mayor proporción de sus ingresos al pago de la hipoteca.

Finalmente, el aumento de los plazos de las hipotecas también ha contribuido al incremento del esfuerzo hipotecario. Muchas entidades financieras han prolongado los plazos de las hipotecas, lo que ha hecho que la cantidad de dinero que los hogares deben pagar cada mes sea menor. Sin embargo, al prolongarse los plazos, el coste total de la hipoteca se incrementa, lo que hace que los hogares tengan que destinar una mayor proporción de sus ingresos al pago de la misma.

Según los datos del Colegio de Registradores de la Propiedad, el número de hipotecas constituidas sobre viviendas en España durante el segundo trimestre de 2021 fue de 141.883, lo que supone un aumento del 1,9% respecto al mismo periodo del año anterior. Además, el importe medio de estas hipotecas fue de 138.796 euros, lo que representa un aumento del 8,6% respecto al año anterior.

En cuanto a la distribución geográfica de las hipotecas, los datos del Colegio de Registradores de la Propiedad muestran que las comunidades autónomas con mayor número de hipotecas constituidas sobre viviendas durante el segundo trimestre de 2021 fueron Andalucía (28.070), Cataluña (26.679) y Madrid (23.194).

Por otro lado, según un informe publicado por el Banco de España, el tipo de interés medio de las hipotecas nuevas en España durante el mes de agosto de 2021 fue del 1,43%, lo que representa un aumento del 2,2% respecto al mismo mes del año anterior.

En cuanto a la duración de las hipotecas, los datos del Banco de España muestran que la duración media de las hipotecas nuevas en España durante el mes de agosto de 2021 fue de 22 años, lo que representa un aumento de 0,1 años respecto al mismo mes del año anterior.

En conclusión, los datos recogidos del Colegio de Registradores de la Propiedad y del Banco de España indican que el número de hipotecas constituidas sobre viviendas en España sigue creciendo, y que el importe medio de estas hipotecas también está aumentando. Además, se observa un aumento en el tipo de interés medio de las hipotecas nuevas y una ligera tendencia al alza en la duración media de las mismas.

LOS IMPUESTOS Y COSTES ASOCIADOS A LA COMPRA-VENTA

La adquisición de una vivienda es una de las decisiones financieras más importantes que puede tomar una persona, y es importante conocer y considerar los gastos asociados, además del precio de compra de la propiedad.

Uno de los gastos más relevantes asociados a la compra de una vivienda son los impuestos. En España el comprador se hace cargo del pago del Impuesto sobre Transmisiones Patrimoniales y Actos Jurídicos Documentados (ITP y AJD) es el impuesto más importante, y se aplica sobre el valor de la propiedad, variando entre el 3% y el 11% dependiendo de la comunidad autónoma donde se encuentre la vivienda.

Antes de entrar en detalle sobre las tarifas del ITP en cada comunidad autónoma, es importante entender qué es el impuesto y cómo se calcula. El ITP es un impuesto que se aplica sobre el valor de la transacción, es decir, sobre el precio que se paga por la compra de un bien inmueble.

Además del precio de la transacción, hay otros factores

que pueden influir en el cálculo del ITP, como la antigüedad del inmueble, si se trata de una vivienda habitual o una segunda residencia, si se trata de una transacción entre particulares o a través de una empresa, etc. Estos factores pueden hacer que el importe del ITP varíe entre distintas transacciones.

Andalucía, el tipo impositivo del ITP es del 8, 9 y 10% dependiendo de la base liquidable del inmueble, excepto para las viviendas de protección oficial, que tienen un tipo impositivo del 3,5% para compradores menores de 35 años, inmuebles de menos de 130.000€, con discapacidad y/o familias numerosas cuando el inmueble no supere los 180.000€.

Aragón, el tipo impositivo es del 8% al 10%, pero se reduce al 4% para las viviendas de protección oficial, o cuando el inmueble se utilizará para desarrollar una actividad económica.

Asturias, el tipo impositivo es del 8 y el 10% pero se reduce al 4% para las viviendas de protección oficial.

Baleares, el tipo impositivo del ITP es del 8% al 11% dependiendo del valor del inmueble, en algunos casos existe un gravamen inferior.

Bizkaia, en este caso, el tipo de gravamen general del Impuesto de transmisiones patrimoniales es del 4% siendo el tipo de gravamen reducido del 2,5% siempre y cuando se cumpla que se trata de la vivienda habitual, se trata de una familia numerosa o con una superficie construida no superior a 120 metros cuadrados (viviendas unifamiliares) o no más de 300 metros cuadrados de la superficie de la parcela.

Canarias, el tipo impositivo es del 6,5%, pero se reduce al 3% para las viviendas de protección oficial y al 5% para las viviendas que sean la residencia habitual del comprador, familias numerosas, para personas con discapacidad y menores de 35 años es el 4%.

Cantabria, el tipo impositivo esta entre del 8% y el 10%, según el valor de la vivienda, pero se reduce al 5% para las viviendas de protección oficial, familias numerosas, menores de 30 años, minusvalías superiores al 33% y si el comprador tiene una minusvalía superior al 65% entonces se reduce al 4% En

Castilla-La Mancha, el tipo impositivo general es del 9%. Se reduce al 6% cuando la es la primera vivienda habitual del sujeto pasivo del impuesto y, siempre y cuando, cumpla los requisitos exigidos por Ley, entre ellos, que el valor real del inmueble no sea superior a 180.000 euros.

Castilla y León, el tipo impositivo es del 8%, pero queda reducido, viviendas de protección oficial, cuando, cuando compre familia numerosa, para menores de 36 años, personas con discapacidad superior al 65%.

Cataluña, en este caso, tenemos un tipo de gravamen general del 10% para aquellas personas que decidan comprar una vivienda de segunda mano. Si el valor de la misma es superior al millón de euros; en tal caso, a partir de dicho importe se aplicará un tipo impositivo del 11%. Por otra parte, cuando se trata de una vivienda de protección oficial, el tipo de gravamen que grava tales viviendas es del 7%. Cuando una persona cumpla una serie de requisitos, el tipo de gravamen que aplicamos es del 5%, siempre que el sujeto no supere los 32 años y, en la declaración de la renta del año anterior, no supere el importe de 30.000 (la diferencia entre la base imponible total y el mínimo personal y familiar); cuando se trate de una familia numerosa, o en el caso de una persona con discapacidad.

Comunidad Valenciana, el tipo de gravamen general en Valencia es del 10%, que pasa a ser un 8% cuando la vivienda sea vivienda habitual, y éste sea menor de 35 años y cuando constituya una vivienda de protección pública. Además, el tipo de gravamen reducido del 4% se dará cuando se trate de una familia numerosa y en algunos casos en los que el sujeto pasivo presente cierto grado de discapacidad.

Extremadura, el tipo impositivo es del 8% al 11%, dependiendo de la base liquidable del impuesto, pero se reduce al 4% para las viviendas de protección oficial con precio máximo fijado y al 7% para las viviendas habituales que no superen los 122.000 euros y que, en la declaración de la renta, el sumatorio de la base imponible general y del ahorro, en declaración individual no sea superior a 19.000 euros o 24.000 euros si se trata de una declaración conjunta. Además, es muy importante que no se supere el importe de 30.000 euros sumando las bases imponibles de todos los miembros que habiten en la vivienda.

Galicia, el tipo impositivo es del 10%. Si bien, cuando se trate de un inmueble y se vaya a destinar a vivienda habitual; el tipo de gravamen será del 7 %. Se transforma a un 3% si el patrimonio de las personas que adquieren el bien inmueble no sea superior a 200.000 euros (30.000 euros por cada miembro de la unidad familiar), el piso este correctamente escriturado y el comprador sea menor de 36 años.

Así mismo, también se aplicará el porcentaje del 3% cuando se trate de una familia numerosa, y en caso de sujeto pasivo con discapacidad.

Comunidad de Madrid, el tipo de gravamen general será del 6%. Si bien, en el caso de tratarse de una familia numerosa, sea vivienda habitual, en caso de traslado de la familia numerosa a una vivienda mejor y la anterior fuera de algún miembro de la familia, esta deberá ser vendida antes de dos años o se adquiera el inmueble contiguo para agrandar el habitual.

Murcia El general es del 8% sobre el valor del bien. El tipo de gravamen reducido es del 4% y se podrá aplicar cuando se traten de viviendas protegidas de régimen general.

Navarra, tenemos un tipo de gravamen general del 6%, también hay un tipo del 5% siempre y cuando se cumplan los requisitos de que la unidad familiar conste de dos o más hijos; sea adquirida la vivienda en pleno dominio y que constituya la vivienda habitual del sujeto pasivo; que ningún miembro de la unidad familiar tengo en propiedad más del 25% de otra vivienda en la Comunidad Foral de Navarra.

La Rioja en general es el 7% sobre el valor real del bien. El gravamen reducido se aplicará; en el caso de las personas con discapacidad, el importe será del 5%. Si se tratara de una familia numerosa y, que la vivienda que adquieran vaya a constituir su vivienda habitual, el tipo de gravamen será del 5% o del 3% siempre y cuando cumplan una serie de requisitos.

Como se puede observar, el tipo impositivo del ITP varía significativamente entre las distintas comunidades autónomas de España. Es importante tener en cuenta estas diferencias a la hora de comprar una vivienda, ya que el importe del impuesto puede tener un impacto importante en el precio final de la transacción.

Es importante destacar que el ITP no es el único impuesto que se aplica en una transacción de compraventa de una vivienda. También hay que tener en cuenta otros impuestos, como el Impuesto sobre el Valor Añadido (IVA), que se aplica en la compraventa de viviendas nuevas, o el Impuesto sobre Bienes Inmuebles (IBI), que es un impuesto anual que se paga por la propiedad de un inmueble.

En lo que respecta a la vivienda, el IVA es un impuesto que se grava al consumo. En el caso de la compra de una vivienda de obra nueva, el IVA es del 10% de su valor escriturado en 2022, excepto en Canarias, donde se paga un 6,5% de Impuesto General Indirecto Canario. Este porcentaje se reduce al 4% en el caso de las viviendas de protección oficial o de promoción pública, aunque este porcentaje puede variar según la comunidad autónoma. El IVA del 10% también se aplica a los anexos adquiridos con la vivienda de obra nueva, como las plazas de garaje (hasta un máximo de dos) y los trasteros.

El comprador de la vivienda es quien paga el IVA en el momento de la transmisión de la propiedad, es decir, en el momento en que se firman las escrituras. En el caso de la compra de vivienda de segunda mano, no se aplica el IVA, sino que se debe afrontar el pago del Impuesto de Transmisiones Patrimoniales (ITP).

En lo que se refiere a la reforma de una vivienda, el IVA aplicable varía según la factura emitida, siendo del 10% si la factura se emite a nombre del propietario de la vivienda y del 21% si se emite a nombre de una compañía contratada para realizar la reforma.

Por último, en el caso de la construcción de una casa propia, el IVA a pagar es del 10% del valor final, conocido como el IVA de la autopromoción. En cuanto a la compra de locales comerciales de obra nueva, se aplica un 21% de IVA, al igual que en el caso de las plazas de garaje adquiridas en cantidad superior a dos.

Otro impuesto a destacar, es el impuesto municipal de PlusValia. Este impuesto grava la revalorización de los terrenos urbanos. Se genera cuando se vende una propiedad, aunque también se aplica en otros casos, como donaciones o herencias.

La plusvalía municipal es un impuesto que se aplica sobre el incremento de valor que experimenta un terreno urbano desde la última vez que fue comprado hasta el momento de la venta. El impuesto se calcula sobre el valor catastral del terreno y se aplica en función del tiempo que ha transcurrido desde la última compra.

Se genera automáticamente al vender una propiedad, ya que el Ayuntamiento debe cobrar el impuesto correspondiente por la transacción. Es importante destacar que la plusvalía municipal no depende de la ganancia obtenida en la venta, sino del incremento del valor del terreno.

Se calcula en función de dos variables, el valor catastral del terreno y el tiempo que ha transcurrido desde la última compra.

El valor catastral del terreno es el valor que se le asigna a una propiedad para fines fiscales. Se establece en base a una serie de factores, como la ubicación de la propiedad, las características de la misma y la oferta y la demanda del mercado.

El tiempo que ha transcurrido desde la última compra también influye en el cálculo de la plusvalía municipal. El Ayuntamiento aplica un porcentaje por cada año que ha transcurrido desde la última compra, de tal forma que cuanto más tiempo haya pasado, mayor será la plusvalía municipal.

El cálculo exacto depende del Ayuntamiento en cuestión y de las normativas específicas de cada municipio. En cualquier caso, es importante tener en cuenta que la plusvalía municipal puede representar una cantidad significativa de dinero, especialmente si la propiedad ha estado en manos del propietario durante un largo período de tiempo.

Este impuesto debe ser pagado por el vendedor de la propiedad. Es decir, el propietario que vende la propiedad es el responsable de pagar la plusvalía municipal correspondiente.

El gasto medio en impuestos por la compra de una vivienda en España es de 8.329 euros.

Otro de los gastos en la compra de una vivienda son los gastos de notaría y registro. La notaría se encarga de la escritura de la compraventa y el registro de la propiedad se encarga de inscribir la propiedad a nombre del comprador en el Registro de la Propiedad. El gasto medio en notaría y registro por la compra de una vivienda en España es de 1.120 euros.

Gastos de la gestoría encargada de la tramitación de los documentos necesarios para la compraventa de la propiedad, como la solicitud de la escritura pública, la obtención del Número de Identificación de Extranjero (NIE) o la solicitud de la hipoteca, entre otros. El gasto medio en gestoría es de 745 euros.

Gastos de Tasación, el informe que valora el precio de la vivienda, y es necesario para que el banco pueda conocer el valor de la propiedad y conceder una hipoteca al comprador. El precio medio en tasación por la compra de una vivienda en España es de 350 euros.

Por último, los gastos de hipoteca son otro de los gastos asociados a la compra de una vivienda en España. Estos gastos incluyen los gastos de apertura, como los gastos de estudio de la hipoteca, los gastos de tasación y los gastos de gestoría, entre otros. El gasto medio en gastos de hipoteca por la compra de una vivienda 3.220 euros.

LA COMPRAVENTA DE VIVIENDAS

El mercado de la vivienda ha sido históricamente muy importante para la economía del país. Desde hace varias décadas, la propiedad de la vivienda ha sido una de las principales metas de los ciudadanos españoles. ¿Pero cuál es el motivo que impulsa históricamente a los españoles a comprar su vivienda?

Una de las principales razones por las cuales los españoles han optado por comprar su vivienda es debido a la inestabilidad del mercado de alquiler. En el pasado, los contratos de alquiler en España no ofrecían mucha seguridad ni protección para los inquilinos, lo que llevó a muchas personas a preferir comprar una vivienda en lugar de alquilar. Aunque en los últimos años se han producido cambios en la regulación del mercado de alquiler, la compra sigue siendo una opción atractiva para muchos españoles.

Además, la cultura de la propiedad de la vivienda en España es muy fuerte. Muchos españoles consideran que la compra de una vivienda es una inversión segura y a largo plazo. De hecho, se suele decir que la compra de una vivienda es la mejor inversión que se puede hacer en la vida. Esta creencia se ha transmitido de generación en generación y ha hecho que la compra de una vivienda sea un objetivo muy importante para muchas familias españolas.

Otro factor que ha impulsado la compra de viviendas en España es la disponibilidad de financiamiento. Durante muchos años, los bancos españoles ofrecían hipotecas con condiciones muy favorables, lo que hizo que la compra de una vivienda fuera accesible para muchas personas. Aunque en los últimos años las condiciones de financiamiento se han vuelto más restrictivas, la posibilidad de financiar la compra de una vivienda sigue siendo una opción para muchos españoles.

La tasa de esfuerzo para las familias al comprar su vivienda, varía según provincias. En el 2022 ha ido desde el 18,8 y 18,9% de Alicante y Tarragona hasta el 43,6% de Guipúzcoa.

En el informe "Informe Residencial 2022" de Colliers encontramos un análisis detallado del mercado residencial en España. comienza analizando la situación actual del mercado residencial en España. Según los datos del informe, el mercado residencial español se ha recuperado rápidamente tras la crisis del Covid-19 y se encuentra en una fase de crecimiento sostenible. Los precios de la vivienda han aumentado en todas las regiones del país, aunque con algunas variaciones, y se espera que sigan creciendo en los próximos años.

El informe también destaca el papel de la tecnología en el mercado residencial. La pandemia ha acelerado el proceso de digitalización del sector, y se espera que las herramientas digitales, como la realidad virtual y los tours virtuales, sean cada vez más utilizadas por los agentes inmobiliarios y los compradores.

En relación a la demanda, el informe destaca que la pandemia ha cambiado las preferencias de los compradores. La demanda de viviendas más grandes y con espacios al aire libre ha aumentado, mientras que la demanda de viviendas pequeñas en el centro de las ciudades ha disminuido. Además, el informe señala que los compradores extranjeros siguen siendo un factor importante en el mercado residencial español, especialmente en ciudades como Barcelona, Madrid y la Costa del Sol.

En cuanto a la oferta, el informe destaca que el mercado de la obra nueva se ha reactivado tras la crisis del Covid-19, aunque el ritmo de construcción sigue siendo menor que antes de la crisis. El informe también destaca la importancia del alquiler en el mercado residencial español, y señala que el mercado de alquiler ha experimentado un crecimiento significativo en los últimos años, aunque los precios del alquiler siguen siendo relativamente bajos en comparación con otros países europeos.

LA COMPRAVENTA DE VIVIENDAS POR PARTE DE EXTRANJEROS

La compra de inmuebles por parte de extranjeros en España se ha convertido en una tendencia cada vez más común. Este fenómeno se debe en gran medida al auge de la globalización y a la movilidad internacional, lo que ha llevado a un mayor interés por parte de los compradores extranjeros en invertir en propiedades en España. En este artículo, analizaremos en detalle los datos e información que aparecen en el informe de Colliers de 2022 y en el artículo de El País sobre la compraventa de vivienda por extranjeros en España.

Según el informe de Colliers, el mercado inmobiliario español ha experimentado un aumento significativo en la compra de viviendas por parte de extranjeros, con un incremento del 45% en 2022, lo que supone un total de 88.800 operaciones. Este aumento en la demanda por parte de extranjeros ha sido particularmente notable en zonas turísticas como la Costa del Sol, las Islas Baleares y Canarias, Barcelona, Madrid y la Costa Blanca.

Es importante destacar que en España no existen restricciones legales para la adquisición de propiedades por parte de extranjeros, ya que tienen los mismos derechos que los ciudadanos españoles en cuanto a la compra de propiedades. Esto significa que cualquier extranjero puede comprar una propiedad en España sin ningún tipo de restricción, siempre y cuando cumpla con los requisitos legales necesarios para la adquisición de una propiedad.

Además, los compradores extranjeros representan una parte importante del mercado inmobiliario español, y según los datos del informe de Colliers, representaron el 22% del total de las ventas de viviendas en España en 2022, con una inversión total de 7.500 millones de euros. Esta cifra es particularmente significativa, ya que muestra que la inversión de los compradores extranjeros en el mercado inmobiliario español es un importante motor económico para el país.

En cuanto a la nacionalidad de los compradores extranjeros, los datos del informe de Colliers indican que los compradores británicos siguen siendo los principales compradores extranjeros en España, representando el 18% del total de las ventas de viviendas en 2022. Les siguen los franceses (13%), los belgas (9%) y los alemanes (7%). También hay un aumento en la compra de propiedades por parte de compradores de países fuera de la UE, como China y Rusia.

En términos de la inversión realizada por los compradores extranjeros, los datos del informe de Colliers indican que tienden a invertir en viviendas de alta calidad y con un valor superior al precio medio de mercado. Esto puede tener un impacto positivo en el mercado inmobiliario y en la economía local, ya que la compra de propiedades por parte de extranjeros también puede tener un efecto positivo en la industria turística y en la creación de empleo en la zona.

Sin embargo, algunos expertos señalan que el aumento en la compra de propiedades por parte de extranjeros también puede tener un efecto negativo en el mercado inmobiliario español. En particular, algunos temen que el aumento en la demanda por parte de compradores extranjeros pueda aumentar los precios de la vivienda en España y crear una burbuja inmobiliaria.

En este sentido, algunos analistas sostienen que el aumento en la demanda por parte de compradores extranjeros podría tener un efecto de aumento en los precios de las propiedades en las zonas turísticas y urbanas más populares, lo que podría impedir a muchos ciudadanos españoles el acceso a una vivienda propia. Además, algunos expertos señalan que la especulación inmobiliaria podría ser una consecuencia negativa del aumento en la demanda por parte de compradores extranjeros, ya que algunos propietarios de viviendas podrían estar aprovechando la situación para aumentar los precios de las propiedades.

Otro aspecto importante a considerar es la posible influencia de la pandemia de COVID-19 en la compra de propiedades por parte de extranjeros en España. Según el informe de Colliers, la pandemia no ha tenido un impacto significativo en la compra de propiedades por parte de extranjeros en España, ya que la mayoría de las operaciones se han realizado de forma telemática o a través de agentes inmobiliarios. Sin embargo, algunos expertos señalan que la pandemia podría tener un impacto en la demanda por parte de extranjeros en el futuro, ya que la situación sanitaria y económica puede cambiar en función de la evolución de la pandemia.

En cualquier caso, es importante destacar que la inversión de los compradores extranjeros en el mercado inmobiliario español también puede tener un efecto positivo en la economía local. Por ejemplo, los compradores extranjeros suelen gastar dinero en la zona donde se encuentran las propiedades, lo que puede tener un impacto positivo en la industria turística y en la creación de empleo local. Además, la inversión en propiedades por parte de extranjeros también puede tener un efecto positivo en la economía nacional, ya que genera ingresos fiscales a través de impuestos y tasas relacionados con la compra de propiedades.

LA REHABILITACIÓN DE VIVIENDAS

La rehabilitación urbana se ha convertido en una tendencia cada vez más importante en el mercado inmobiliario. Las ciudades están evolucionando a un ritmo rápido y muchas áreas urbanas están envejeciendo y necesitan una renovación. La rehabilitación urbana se presenta como una oportunidad de negocio para el sector inmobiliario, que puede ofrecer soluciones innovadoras y sostenibles para revitalizar estas áreas y satisfacer las demandas de la sociedad moderna.

En el pasado, la demolición y la construcción de nuevos edificios eran la norma para la renovación de áreas urbanas. Sin embargo, hoy en día se prefiere la rehabilitación de edificios y la adaptación de los existentes a las necesidades actuales. La rehabilitación urbana puede mejorar la calidad de vida de los ciudadanos y aumentar la calidad de la oferta inmobiliaria, al tiempo que contribuye a la sostenibilidad y la eficiencia energética.

Una de las principales ventajas de la rehabilitación urbana es la mejora de la eficiencia energética de los edificios. Los edificios antiguos a menudo tienen sistemas de calefacción, ventilación y aire acondicionado ineficientes, lo que resulta en un mayor consumo de energía y costos más altos. La rehabilitación puede incluir la instalación de sistemas modernos y eficientes, la mejora del aislamiento térmico y la instalación de paneles solares para generar energía renovable. Todo esto puede reducir el consumo de energía y los costos de los hogares y edificios comerciales, lo que a su vez puede atraer a nuevos inquilinos y compradores.

Además, la rehabilitación de edificios puede mejorar la calidad de vida de los ciudadanos. Las zonas urbanas envejecidas a menudo tienen problemas de seguridad, insalubridad y falta de espacio. La rehabilitación puede proporcionar soluciones para mejorar la seguridad y la higiene de los edificios y las áreas circundantes, así como para crear más espacios públicos y verdes. Los espacios públicos bien diseñados y mantenidos pueden mejorar la calidad de vida de los ciudadanos, aumentar la cohesión social y atraer a nuevas personas y empresas a las áreas rehabilitadas.

La rehabilitación urbana también puede contribuir a la preservación del patrimonio cultural. Muchos edificios antiguos tienen un valor histórico y arquitectónico significativo que merece ser preservado. La rehabilitación de estos edificios puede mantener su aspecto original y preservar su valor cultural para las generaciones futuras. Esto puede ayudar a conservar la identidad de la ciudad y fomentar el turismo cultural.

En España, la rehabilitación urbana se ha convertido en una prioridad nacional. El Gobierno ha implementado una serie de medidas y programas para fomentar la rehabilitación de edificios y áreas urbanas. Por ejemplo, el Plan Estatal de Vivienda 2018-2021, que fue aprobado en marzo de 2018, incluye un programa de ayudas para la rehabilitación de edificios. Las ayudas están destinadas a mejorar la eficiencia energética de los edificios, la accesibilidad y la habitabilidad, entre otras cosas.

Además, el Gobierno ha lanzado el programa "Ciudades más Sostenibles", que tiene como objetivo fomentar la rehabilitación de áreas urbanas y mejorar la calidad de vida de los ciudadanos. El programa ofrece incentivos fiscales y financieros para los propietarios de edificios que realicen obras de rehabilitación energética y mejora de la accesibilidad. También incluye medidas para mejorar la calidad del aire y la movilidad sostenible en las ciudades.

Otra iniciativa importante en España es el Plan Nacional de Ciudades Inteligentes, que busca fomentar la innovación y la digitalización en las ciudades. La rehabilitación de edificios y áreas urbanas forma parte de este plan, y se espera que las soluciones tecnológicas innovadoras ayuden a mejorar la eficiencia energética y la calidad de vida en las ciudades.

España debe renovar su parque inmobiliario para cumplir los compromisos del Acuerdo de París y alcanzar la neutralidad climática para 2050. El gobierno español ha destinado una partida de 3.400 millones de euros de los fondos europeos para la rehabilitación de las viviendas, lo que supone una oportunidad para crear empleo y avanzar hacia una economía más verde y sostenible. El encuentro "Fondos europeos: motor para la rehabilitación energética de los edificios en España" organizado por Unidad Editorial ha expuesto la necesidad de incorporar la eficiencia energética a las viviendas y la complejidad del proceso para rehabilitar más de 19 millones de viviendas antes de 2050. El parque residencial español es uno de los más obsoletos de Europa, por lo que es necesario renovarlo para reducir las emisiones de gases de efecto invernadero. En el encuentro se ha destacado la importancia de que los ciudadanos entiendan que la rehabilitación energética de sus hogares no solo mejorará la calidad de vida, sino que también tendrá un impacto favorable en la economía y en el planeta.

A pesar de estas iniciativas, todavía hay muchos desafíos que enfrenta la rehabilitación urbana en España y en todo el mundo. Uno de los principales desafíos es el alto costo de la rehabilitación, que a menudo es mayor que la construcción de nuevos edificios. Además, la falta de financiación y de incentivos fiscales para los propietarios de edificios también puede ser un obstáculo para la rehabilitación.

Otro desafío es la complejidad del proceso de rehabilitación, que implica múltiples actores y requiere una gran coordinación. La rehabilitación urbana a menudo implica la cooperación entre propietarios de edificios, arquitectos, empresas constructoras, autoridades locales y nacionales, y otros actores. La falta de coordinación y la burocracia pueden ralentizar el proceso y aumentar los costos.

Además, la falta de conciencia y educación sobre la importancia de la rehabilitación urbana y la eficiencia energética es otro obstáculo. Muchos propietarios de edificios y ciudadanos no están familiarizados con los beneficios de la rehabilitación y la eficiencia energética, lo que dificulta la implementación de soluciones sostenibles.

La regulación del mercado inmobiliario

En la actualidad, España se encuentra inmersa en un importante proceso legislativo con el fin de revisar y modificar la actual Ley de Vivienda. Este proceso tiene como objetivo principal fortalecer la protección de los derechos de los inquilinos, así como garantizar un mayor control en cuanto a los precios de los alquileres en todo el territorio nacional.

Esta iniciativa legislativa busca, además, promover el acceso a una vivienda digna y adecuada para todos los ciudadanos, especialmente aquellos más vulnerables y en situación de precariedad económica. Para ello, se plantea la adopción de medidas concretas que favorezcan el acceso a la vivienda, como el incremento de la oferta de viviendas sociales, la regulación del mercado de alquileres y el establecimiento de incentivos fiscales y ayudas económicas para la adquisición de vivienda.

Recientemente, se ha anunciado que el Gobierno español ha llegado a un acuerdo con los partidos políticos para aprobar una nueva Ley de Vivienda que tiene como objetivo principal mejorar la situación del mercado inmobiliario en el país. Esta nueva legislación incluye una serie de medidas clave que se centran en proteger a los inquilinos, controlar los precios de los alquileres y fomentar la construcción de viviendas sociales, con el fin de garantizar un acceso asequible a la vivienda y promover una mayor estabilidad y seguridad en el mercado inmobiliario.

Además, esta ley busca también promover un enfoque más sostenible en la construcción y uso de viviendas, incentivando la rehabilitación y regeneración de los barrios y áreas urbanas más degradadas, y fomentando la eficiencia energética en los edificios y viviendas. En definitiva, se trata de una iniciativa ambiciosa y necesaria para abordar los desafíos actuales del mercado inmobiliario en España y garantizar un acceso justo y equitativo a la vivienda para todos los ciudadanos.

Una de las medidas más importantes de la nueva Ley de Vivienda es la limitación de los precios de los alquileres en todo el territorio español. Según el acuerdo alcanzado por el Gobierno, los precios de los alquileres estarán limitados a un máximo del 30% de los ingresos de los inquilinos. Esta medida es una respuesta a la preocupación generalizada por el aumento de los precios de los alquileres en muchas ciudades españolas, especialmente en Madrid y Barcelona.

Otra medida destacada de la nueva Ley de Vivienda es la protección de los inquilinos frente a los desahucios. La nueva ley establece que los desahucios solo se podrán realizar en casos de impago de rentas y siempre y cuando se ofrezcan alternativas de alojamiento a los inquilinos afectados. Además, se ha establecido un fondo de ayuda para las familias más vulnerables que no puedan pagar sus alquileres.

Dentro del marco de la política de vivienda en España, se han incorporado diversas medidas encaminadas a fomentar la construcción de viviendas sociales y a impulsar la rehabilitación de las viviendas ya existentes. Todo ello con el propósito principal de aumentar la oferta de viviendas asequibles en el mercado inmobiliario español y mejorar la calidad de vida de sus habitantes.

Es importante destacar que, en un contexto de creciente demanda de viviendas y elevados precios en el mercado, resulta crucial llevar a cabo políticas públicas efectivas que permitan a las personas acceder a una vivienda digna y adecuada para sus necesidades, independientemente de su nivel de ingresos. Por lo tanto, estas medidas buscan equilibrar el mercado inmobiliario y promover la justicia social en este ámbito fundamental de la vida de las personas.

Va a suponer un paso importante en la protección de los derechos de los inquilinos y en la regulación del mercado inmobiliario en España. La limitación de los precios de los alquileres, la protección frente a los desahucios y el fomento de la construcción de viviendas sociales son medidas necesarias para garantizar el acceso a una vivienda digna para todos los ciudadanos españoles.

La nueva Ley de Vivienda en España afectará a los propietarios de diversas maneras, especialmente a aquellos que tienen propiedades en alquiler.

A continuación, se detallan algunas de las principales implicaciones que tendría la nueva ley en los propietarios:

Limitación de precios de alquiler: Una de las medidas más controvertidas de la nueva ley es la limitación de los precios de alquiler. Esta medida establece un límite máximo del 30% de los ingresos de los inquilinos, lo que significa que los propietarios no podrán establecer precios más altos que ese límite. Esta limitación puede afectar negativamente a los propietarios que tenían previsto establecer precios de alquiler más altos que ese límite, ya que verán reducidos sus ingresos.

Restricciones en la rescisión de contratos de alquiler: La nueva ley establece que los propietarios no podrán rescindir contratos de alquiler sin una causa justificada. Esta medida está diseñada para proteger a los inquilinos de desalojos injustos. Sin embargo, para los propietarios esto significa que tendrán menos flexibilidad para rescindir contratos de alquiler si, por ejemplo, necesitan vender la propiedad o necesitan la vivienda para uso personal.

Mayor protección para los inquilinos: La nueva ley establece medidas para proteger a los inquilinos, como el establecimiento de un fondo de ayuda para aquellos que no puedan pagar sus alquileres, la limitación de los incrementos de los precios de alquiler en caso de renovación de los contratos y la prohibición de pedir garantías adicionales a los inquilinos. Estas medidas pueden dificultar para los propietarios el cobro de rentas atrasadas o la recuperación de sus propiedades en caso de impago de rentas.

Mayor regulación en el mercado inmobiliario: La nueva ley establece medidas para regular el mercado inmobiliario, como la creación de un registro de viviendas desocupadas y la obligación de los propietarios de ofrecer sus viviendas a la administración pública para su alquiler social. Estas medidas pueden afectar negativamente a los propietarios, ya que se enfrentarán a mayores requisitos y regulaciones en el mercado inmobiliario.

Está recibiendo muchas críticas por varios sectores. Los propietarios de viviendas, argumentan que la limitación de los precios de los alquileres puede reducir su rentabilidad y desincentivar la inversión en el mercado inmobiliario.

Otras críticas apuntan a la falta de medidas concretas para frenar la especulación inmobiliaria y la concentración de la propiedad de viviendas en manos de grandes fondos de inversión.

LA INVERSIÓN EN EL SECTOR INMOBILIARIO EN ESPAÑA

La inversión inmobiliaria en España ha sido una actividad recurrente y apreciada por los inversores a lo largo de la historia. En el pasado, este mercado ha experimentado importantes fluctuaciones influenciadas por diversos factores, pero en la actualidad, se considera un mercado atractivo para los inversores.

En las últimas décadas, el mercado inmobiliario en España ha experimentado grandes fluctuaciones. En la década de los 90 y principios de los 2000, España experimentó una expansión económica y un aumento en la demanda de viviendas, lo que llevó a una burbuja inmobiliaria que se desplomó en 2008, con una caída significativa en los precios de la vivienda y una crisis financiera.

Esta crisis tuvo un impacto significativo en el sector inmobiliario, que tuvo que luchar para recuperarse. En los años siguientes, el sector se recuperó gradualmente, impulsado por una recuperación económica general y un aumento en la demanda de viviendas.

De hecho, según los datos de Idealista, los precios de la vivienda en España han aumentado un 50% desde su punto más bajo en 2013. El mercado inmobiliario se ha convertido en uno de los más importantes en España, y los inversores han visto en él una oportunidad de inversión.

En el pasado, la inversión inmobiliaria en España estaba concentrada en el mercado residencial, aunque también se daban inversiones en otros sectores. En cualquier caso, el mercado inmobiliario español se caracterizó por ser un mercado altamente fragmentado, con un gran número de propiedades y un bajo nivel de concentración.

En general, el pasado de la inversión inmobiliaria en España se caracterizó por una importante fluctuación influenciada por factores económicos y políticos.

En la actualidad, la inversión inmobiliaria en España se considera un mercado atractivo para los inversores, con un sector en auge y una serie de oportunidades disponibles.

El mercado inmobiliario en España sigue siendo atractivo para los inversores, especialmente en el mercado residencial. Según el Consejo General del Notariado, el número de transacciones de viviendas en España aumentó un 19% en 2021 en comparación con el año anterior.

Asimismo, se espera que el sector inmobiliario siga evolucionando en los próximos años. Según el informe de Savills Aguirre Newman, se espera que la inversión en el sector inmobiliario español alcance los 12.000 millones de euros en 2023, con un aumento en la inversión internacional y una mayor diversificación de los inversores.

El sector residencial sigue siendo el más popular entre los inversores, con una demanda en aumento y un mercado en crecimiento. Sin embargo, también se observa una tendencia en el sector de la logística y el retail, impulsada por el auge del comercio electrónico y el aumento de la demanda de espacios de almacenamiento y distribución.

En cuanto a los precios de la vivienda, se espera que sigan aumentando, aunque a un ritmo más lento. Según los datos de Idealista, los precios de la vivienda en España han aumentado un 4,4% en el primer trimestre de 2022 en comparación con el mismo período del año anterior, lo que indica una desaceleración en el crecimiento de los precios.

Además, la pandemia del COVID-19 ha tenido un impacto en el sector inmobiliario en España, especialmente en el mercado turístico y la inversión en el sector hotelero. Sin embargo, se espera que la recuperación económica y el aumento de la demanda turística impulsen el crecimiento de este sector.

En general, el presente de la inversión inmobiliaria en España se caracteriza por un mercado en crecimiento y una serie de oportunidades para los inversores en diferentes sectores.

El futuro de la inversión inmobiliaria en España parece prometedor, con un mercado en crecimiento y una serie de oportunidades para los inversores. Sin embargo, también se presentan una serie de riesgos y desafíos que los inversores deben tener en cuenta.

Uno de los principales desafíos es la situación económica de España y su impacto en el sector inmobiliario. En los últimos años, España ha experimentado un crecimiento económico moderado, pero aún se enfrenta a desafíos como la deuda pública y el desempleo.

Asimismo, la situación política de España también puede afectar al sector inmobiliario y a la inversión extranjera. La incertidumbre política y los cambios en las políticas económicas y fiscales pueden afectar la confianza de los inversores y tener un impacto en el mercado.

Otro desafío que enfrenta el mercado inmobiliario en España es la competencia de otros mercados en Europa, como Francia y Alemania. Estos mercados también son atractivos para los inversores y ofrecen una serie de oportunidades en diferentes sectores.

Sin embargo, a pesar de estos desafíos, el futuro de la inversión inmobiliaria en España parece prometedor. Según el informe de Savills Aguirre Newman, se espera que el mercado inmobiliario español siga evolucionando en los próximos años, impulsado por la recuperación económica y la demanda de viviendas.

Asimismo, se espera que el mercado inmobiliario español siga diversificándose en diferentes sectores, como el turismo, la logística y el retail. Estos sectores ofrecen una serie de oportunidades para los inversores y pueden ayudar a mitigar los riesgos asociados a la inversión en un solo sector.

En cuanto a los precios de la vivienda, se espera que sigan aumentando, aunque a un ritmo más lento. Según el informe de Savills Aguirre Newman, se espera que los precios de la vivienda en España aumenten un 2% en 2022 y un 1,5% en 2023.

Además, se espera que la inversión extranjera siga siendo una fuerza importante en el mercado inmobiliario español. Según el informe de JLL, en 2021, la inversión extranjera en el sector inmobiliario español ascendió a 4.700 millones de euros, lo que representa el 43% del total de la inversión en el sector. Esto demuestra el atractivo que sigue teniendo el mercado inmobiliario español para los inversores extranjeros.

En cuanto a los diferentes sectores, se espera que el turismo siga siendo un sector importante en la inversión inmobiliaria en España, aunque es probable que experimente una recuperación gradual después de la pandemia del COVID-19.

Según el informe de JLL, se espera que la demanda de hoteles y propiedades turísticas en España se recupere a medida que se abran las fronteras y se relajen las restricciones de viaje.

Por otro lado, se espera que el sector de la logística y el retail siga experimentando un aumento en la demanda, impulsado por el crecimiento del comercio electrónico y la necesidad de espacios de almacenamiento y distribución. Según el informe de Savills Aguirre Newman, se espera que el sector de la logística en España crezca un 5,5% en 2022, lo que lo convierte en uno de los sectores más atractivos para la inversión inmobiliaria.

Además, se espera que el sector residencial siga siendo atractivo para los inversores, especialmente en ciudades como Madrid y Barcelona, donde la demanda de viviendas sigue siendo alta. Según el informe de JLL, se espera que la inversión en el sector residencial en España aumente en 2022, impulsada por la demanda de viviendas de alquiler y la escasez de oferta en algunas áreas.

FINANCIACIÓN ALTERNATIVA EN EL SECTOR INMOBILIARIO

La financiación alternativa en el sector inmobiliario es una tendencia creciente y que cada vez está más presente en el mercado. Según un informe publicado por la consultora inmobiliaria CBRE, se espera que la financiación alternativa represente el 50% del mercado inmobiliario en 2025.

La financiación alternativa en el sector inmobiliario se refiere a fuentes de financiación distintas a las entidades bancarias tradicionales, como el crowdfunding inmobiliario, los préstamos entre particulares, la emisión de bonos hipotecarios o la tokenización de inmuebles. Esta opción ha ganado popularidad en los últimos años debido a la creciente demanda de alternativas de inversión y la mayor facilidad de acceso a ellas.

La empresa española Socilen, que se dedica a la financiación alternativa, ha experimentado un gran crecimiento en los últimos años gracias a su plataforma de crowdfunding inmobiliario. Esta plataforma permite a los inversores participar en proyectos inmobiliarios a través de pequeñas aportaciones de capital, lo que reduce el riesgo y amplía el acceso a inversiones que antes solo estaban disponibles para grandes inversores.

La tokenización de inmuebles es otra forma de financiación alternativa en auge en el mercado inmobiliario. Esta técnica permite dividir un inmueble en pequeñas partes, llamadas tokens, que se pueden vender como si fueran acciones de unaempresa. De esta manera, los inversores pueden comprar tokens y convertirse en copropietarios de un inmueble sin tener que comprarlo en su totalidad.

La financiación alternativa ofrece una mayor flexibilidad y rapidez en la obtención de financiación, lo que puede ser especialmente atractivo para los proyectos inmobiliarios que necesitan financiación rápida y eficiente. Además, las plataformas de crowdfunding inmobiliario pueden proporcionar a los inversores una mayor transparencia y control sobre su inversión.

A pesar de las ventajas que ofrece la financiación alternativa en el sector inmobiliario, sigue siendo una opción menos conocida y utilizada en comparación con los préstamos bancarios tradicionales.

Las entidades bancarias tienen una mayor experiencia y capacidad para evaluar y mitigar los riesgos en los préstamos, lo que puede resultar en tasas de interés más bajas y mejores condiciones de financiación.

Sin embargo, la tendencia hacia la financiación alternativa en el sector inmobiliario parece estar en aumento y es probable que continúe en el futuro cercano. Esto presenta una oportunidad para las empresas de fintech y plataformas de crowdfunding inmobiliario, que pueden ofrecer soluciones innovadoras de financiación y capturar una parte significativa del mercado.

En resumen, la financiación alternativa en el sector inmobiliario es una tendencia en crecimiento que ofrece oportunidades a los pequeños y medianos inversores que buscan alternativas a los préstamos bancarios tradicionales. Con la aparición de nuevas empresas de fintech y plataformas de crowdfunding inmobiliario, se espera que esta tendencia siga creciendo en los próximos años.

LA VALORACIÓN DE BIENES INMUEBLES

El papel de los tasadores inmobiliarios es de vital importancia en la industria inmobiliaria, ya que su labor se centra en la evaluación precisa del valor de los bienes inmuebles. Al establecer un valor justo y objetivo para una propiedad, estos profesionales previenen la especulación y las burbujas inmobiliarias que pueden desestabilizar el mercado. Además, su experiencia y conocimiento del mercado inmobiliario les permiten ofrecer información valiosa y orientación a los compradores y vendedores de bienes raíces para que puedan tomar decisiones informadas y adecuadas en el mercado.

Cuando los tasadores inmobiliarios llevan a cabo una valoración precisa de un bien inmueble, se aseguran de que los precios reflejan su valor real y que los compradores no pagan más de lo que corresponde. Esto es especialmente importante en un mercado inmobiliario que ha experimentado fluctuaciones extremas en el pasado, y que ha sido probable a la especulación.

Además, los tasadores inmobiliarios también son importantes para la toma de decisiones en materia de inversión y

103

financiación. Los bancos, las empresas y los inversores utilizan sus valoraciones para determinar la solvencia de los prestatarios, evaluar el riesgo y establecer el valor de los bienes inmuebles como garantía para los préstamos.

En el mercado inmobiliario actual, tras la crisis, se presentan aspectos novedosos que exigen una adaptación por parte de los agentes implicados. La especulación inmobiliaria, caracterizada por subidas anormales y sin fundamento, creó una burbuja que desatendió un análisis detallado de los inmuebles y su situación en el mercado.

Por ello, en este nuevo mercado, es imprescindible contar con profesionales que posean amplios conocimientos técnicos en diversos entornos, como construcción, urbanismo, gestión inmobiliaria, derecho, fiscalidad, matemática financiera o análisis e investigación de mercados.

Es importante la especialización, ya sea en un segmento (residencial, comercial, hotelero) o en una finalidad concreta (tasación hipotecaria, valoraciones urbanísticas), para poder ofrecer una valoración precisa y rigurosa.

La valoración de bienes inmuebles en España está regulada por la Ley de Ordenación de la Edificación, la Ley del Suelo y la Ley Hipotecaria. Estas leyes establecen los criterios y procedimientos para la valoración de los bienes inmuebles, y también establecen los requisitos que deben cumplir los tasadores en cargados de llevar a cabo dicha valoración.

Entre los criterios que se consideran para valorar los bienes inmuebles se encuentran la ubicación, la superficie, el estado de conservación, la calidad de los materiales utilizados en la construcción, entre otros aspectos. Asimismo, los procedimientos para la valoración incluyen la realización de inspecciones y estudios del mercado inmobiliario, con el fin de obtener información detallada y precisa sobre el valor del bien en cuestión.

Por otro lado, los requisitos que deben cumplir los tasadores incluyen la necesidad de poseer una formación especializada en valoración de bienes inmuebles, así como estar inscritos en los registros oficiales correspondientes. Además, deben seguir ciertos principios éticos y de conducta profesional, y realizar su trabajo de forma imparcial y objetiva, garantizando la fiabilidad y precisión de la valoración realizada.

Estas valoraciones pueden ser realizada por tasadores oficiales y por otros profesionales cualificados, como arquitectos, aparejadores o ingenieros. Sin embargo, la tasación realizada por un tasador oficial es la única que tiene carácter oficial y puede ser utilizada para la concesión de hipotecas y otros préstamos.

El proceso de valoración de un bien inmueble en España implica la realización de una inspección del inmueble y la obtención de información sobre su ubicación, características constructivas, estado de conservación, uso y destino, así como sobre los precios de mercado de los inmuebles similares en la misma zona. También se tienen en cuenta otros factores, como la situación económica y las tendencias del mercado inmobiliario en la zona.

La valoración de bienes inmuebles en España debe ser realizada de acuerdo con los métodos y criterios establecidos en la normativa aplicable. Existen diferentes métodos de valoración en la tasación inmobiliaria. A continuación, se describen cuatro de los métodos más comunes:

Método comparativo de mercado: Este método consiste en comparar el inmueble a valorar con otros inmuebles similares que se hayan vendido en la misma zona en un periodo reciente. A partir de esta comparación se obtiene una estimación del valor del inmueble. Este método es especialmente útil cuando hay suficientes datos de transacciones recientes y el mercado inmobiliario está estable.

Método de coste: Este método se basa en el coste de construcción del inmueble, incluyendo los materiales, la mano de obra, los gastos generales y los beneficios. A este coste se le resta la depreciación, que tiene en cuenta la antigüedad y el estado de conservación del inmueble. Este método es especialmente útil cuando se trata de inmuebles nuevos o en construcción.

Método del valor de inversión: Este método se utiliza para valorar inmuebles que se destinan a la inversión. Se calcula el valor presente de los flujos de efectivo futuros que se esperan obtener de la inversión inmobiliaria. Es un método adecuado para valorar edificios de oficinas, centros comerciales, hoteles, etc.

Método residual: este método se utiliza para valorar inmuebles que se encuentran en zonas urbanas y que están destinados a la promoción inmobiliaria. Consiste en calcular el valor del suelo y de la construcción, y restarle los costes de construcción, los gastos generales y los beneficios. El resultado obtenido es el valor residual, que se distribuye proporcionalmente entre las diferentes partes implicadas en la promoción.

Es importante tener en cuenta que cada método tiene sus ventajas y limitaciones, y que la elección del método a utilizar dependerá de las características del inmueble que se quiere valorar, así como del objetivo de la valoración. En general, se recomienda utilizar más de un método para obtener una valoración más precisa y fiable. Además, es importante que la valoración sea realizada por un profesional cualificado y con experiencia en el mercado inmobiliario.

Contratar a un tasador inmobiliario homologado es importante cuando se inicia una operación de compra-venta de una vivienda. Este profesional lleva a cabo la tasación inmobiliaria, determinando el valor del inmueble en el mercado.

Aunque algunas entidades bancarias ofrecen un servicio de tasación de la casa que se quiere comprar, es opcional y el cliente tiene libertad para elegir al tasador de inmuebles que quiera. Es fundamental informarse de la regulación que rodea a la tasación inmobiliaria y contar con un tasador de viviendas homologado por el Banco de España, para que determine el valor más justo y acertado de la vivienda.

Un tasador sigue una serie de pasos para que la tasación de la vivienda esté homologada y sea válida para las entidades bancarias. En primer lugar, se necesitan los documentos necesarios, como la escritura de la propiedad, certificación registral, copia de nota simple registral, planos del inmueble, licencia de obras, proyecto, etc. Después, el tasador visita e inspecciona el inmueble, analiza los planos, comprueba que la finca registral que se va a tasar es la correcta y que no existe ninguna irregularidad urbanística que afecte al inmueble.

Para determinar el valor de la vivienda, el tasador tiene en cuenta varios elementos y componentes de las viviendas, como el estado del edificio, la ubicación de la vivienda, la superficie de la casa, la orientación, la distribución de las habitaciones y la presencia de un ascensor en el edificio. Estos elementos son fundamentales para la tasación de la vivienda y todos los profesionales del sector los inspeccionan para determinar su valor dentro del mercado inmobiliario.

La mayoría de los tasadores trabajan para empresas tasadoras o gabinetes periciales, donde elaboran informes de tasación que cumplen con los estándares legales.

Las tasaciones son documentos oficiales que certifican el valor de un bien inmueble y son utilizadas como prueba en procesos judiciales. Por lo tanto, es fundamental que el tasador se mantenga objetivo, independiente y en cumplimiento con las leyes de su país al realizar su trabajo.

Existen varios tipos profesionales que realizan tasaciones y valoraciones de inmuebles:

Tasador oficial. Es un experto en valoración de bienes inmuebles que ha sido homologado por una asociación profesional o sociedad de tasación reconocida y validada por el Banco de España. Para realizar tasaciones oficiales, el tasador debe estar debidamente homologado. Este perito homologado tiene la facultad de emitir informes y certificados de tasación de bienes inmuebles en las mismas condiciones que cualquier otro tasador. Sin embargo, para realizar valoraciones en nombre de bancos con garantías hipotecarias, los peritos homologados deben contar con el respaldo de una sociedad de tasación.

Perito judicial inmobiliario. Es un experto en bienes raíces que brinda asesoramiento y emite informes periciales para los tribunales de justicia en casos relacionados con propiedades.

Para convertirse en un perito judicial inmobiliario se requieren ciertos requisitos. En primer lugar, es importante tener una sólida formación en el campo de los bienes raíces, ya sea a través de estudios universitarios, cursos especializados o experiencia laboral en el sector.

Además, se requiere una formación específica en la realización de informes periciales, así como conocimientos sobre leyes y procedimientos judiciales.

Otro requisito importante es estar registrado en el Colegio de Peritos Judiciales de la jurisdicción correspondiente. Esto implica cumplir con los requisitos de formación y experiencia establecidos por el colegio y aprobar un examen de admisión.

Es fundamental que el perito judicial inmobiliario mantenga una posición objetiva e imparcial en su trabajo, y que su informe pericial sea riguroso, detallado y basado en datos sólidos y fiables. Es importante que el perito judicial inmobiliario tenga habilidades de comunicación efectiva para presentar su informe pericial de manera clara y concisa ante el juez y las partes involucradas en el caso.

Otro profesional que realiza valoraciones inmobiliarias, es el agente inmobiliario profesional. Gracias a su conocimiento y experiencia en el sector y del mercado inmobiliario en su zona, es capaz de emitir una valoración privada, sin validez legal, ni hipotecaria, pero sirve al cliente como orientación a la hora de poner su vivienda a la venta.

.
.

EL MERCADO DE ALQUILER

El mercado de alquiler inmobiliario en España ha experimentado una evolución significativa en los últimos años. La crisis económica que comenzó en 2008 provocó una caída en el precio de la vivienda, lo que llevó a muchos propietarios a optar por el alquiler como forma de obtener ingresos por sus inmuebles.

Por otro lado, la situación económica y laboral de muchas personas dificultó el acceso a la vivienda en propiedad, lo que hizo que el mercado de alquiler se convirtiera en una opción cada vez más atractiva.

Durante los últimos años, la demanda de viviendas en alquiler ha experimentado un aumento significativo en España, especialmente en las grandes ciudades como Madrid, Barcelona y Valencia. Según los datos proporcionados por el Instituto Nacional de Estadística (INE), en los últimos 10 años, el número de viviendas disponibles en alquiler ha experimentado un incremento del 38%. Esta tendencia al alza se debe a varios factores, como el aumento de la población en las zonas urbanas y el cambio en las preferencias de la sociedad, que cada vez valora más la flexibilidad y la movilidad.

En el año 2020, el porcentaje de viviendas en alquiler en España alcanzó el 22,3%, lo que supone un aumento del 8,1% respecto al año anterior. Esta cifra refleja la importancia creciente que el alquiler ha adquirido en la sociedad española en los últimos años. Los expertos consideran que esta tendencia al alza se mantendrá en el futuro, ya que el mercado de la vivienda sigue mostrando una escasa oferta de viviendas en propiedad, especialmente en las zonas urbanas más populares. Por ello, el alquiler se ha convertido en una alternativa cada vez más atractiva para aquellos que buscan una vivienda adecuada a sus necesidades sin tener que hacer una gran inversión inicial.

Sin embargo, el mercado de alquiler en España todavía presenta algunas dificultades. Uno de los principales problemas es la falta de oferta de viviendas a precios asequibles, especialmente en las zonas más demandadas. El aumento de la demanda ha provocado una subida de los precios en los últimos años, lo que ha hecho que muchas personas tengan dificultades para encontrar una vivienda que se ajuste a su presupuesto.

Otro problema que afecta al mercado de alquiler es la falta de regulación y transparencia. En muchos casos, los contratos de alquiler se hacen de forma verbal y no se establecen las condiciones de forma clara. Esto puede provocar conflictos entre propietarios e inquilinos y dificultar la resolución de los mismos. Para abordar estos problemas, en marzo de 2019 se aprobó la nueva Ley de Vivienda, que busca mejorar la regulación del mercado de alquiler y garantizar el derecho a una vivienda digna y asequible. Una de las medidas más destacadas de la ley es la limitación de las subidas de precios de los alquileres. En concreto, la ley establece que los precios de los alquileres no podrán subir más del IPC (Índice de Precios al Consumo) durante los cinco primeros años del contrato, salvo en casos excepcionales.

La nueva ley incluye una medida importante para el mercado del alquiler de viviendas en España, se trata de la creación de un índice de precios de alquiler que proporcionará información detallada sobre la evolución de los precios del alquiler en cada una de las regiones y ciudades del país. La idea detrás de este índice es que servirá como un punto de referencia para que los propietarios y los inquilinos puedan establecer los precios de los alquileres de manera justa y equitativa.

El índice será actualizado anualmente para asegurarse de que refleje de manera precisa la situación actual del mercado del alquiler. Con esta medida, se espera que se reduzcan los casos de precios abusivos en el mercado del alquiler y se fomente una competencia sana y justa entre los propietarios.

Además, la ley establece incentivos fiscales para los propietarios que alquilen sus viviendas a precios asequibles. En concreto, los propietarios que ofrezcan sus viviendas en alquiler a un precio inferior al del mercado podrán beneficiarse de una deducción en el IRPF (Impuesto sobre la Renta de las Personas Físicas) del 60% de los ingresos obtenidos.

La nueva Ley de Vivienda también contempla medidas para favorecer el acceso a la vivienda de los colectivos más vulnerables, como los jóvenes, los mayores o las personas con discapacidad. Por ejemplo, se establece que los propietarios de viviendas vacías deberán ofrecerlas en alquiler social a través de los programas públicos correspondientes. Además, se establecen medidas para evitar la exclusión social de los inquilinos en situaciones de vulnerabilidad.

Otro aspecto importante de la nueva ley es el fomento del alquiler social. Se establece que al menos un 20% de las viviendas de nueva construcción deberán ser destinadas al alquiler social, y se prevén incentivos fiscales para las empresas constructoras que cumplan con esta medida.

En cuanto a las perspectivas del mercado de alquiler inmobiliario en España, se espera que siga creciendo en los próximos años. La tendencia hacia el alquiler como forma de acceso a la vivienda se mantiene, especialmente entre los jóvenes y las personas con menos recursos. Además, el aumento de la movilidad laboral y la flexibilidad en el trabajo a distancia también favorecen el alquiler de viviendas.

Por otro lado, la situación económica provocada por la pandemia del COVID-19 ha tenido un impacto en el mercado de alquiler. Aunque en los primeros meses de la pandemia se produjo una caída en el precio de los alquileres, en los últimos meses se ha producido una recuperación, especialmente en las zonas más demandadas.

Sin embargo, es importante tener en cuenta que la pandemia ha generado una mayor incertidumbre en el mercado inmobiliario. Muchas personas han sufrido pérdidas de empleo o reducciones de salario, lo que ha dificultado el acceso a la vivienda en alquiler. Además, el aumento del teletrabajo y la tendencia hacia la búsqueda de viviendas más grandes y con espacios al aire libre también pueden afectar la demanda y la oferta de viviendas en alquiler.

En definitiva, el mercado de alquiler inmobiliario en España ha experimentado una evolución significativa en los últimos años, y se espera que siga creciendo en el futuro. La nueva Ley de Vivienda ha introducido medidas para mejorar la regulación y la transparencia del mercado y garantizar el derecho a una vivienda digna y asequible. Sin embargo, todavía existen retos y dificultades que deben abordarse para garantizar un mercado de alquiler sostenible y accesible para todos.

LAS TENDENCIAS FUTURAS DEL SECTOR INMOBILIARIO

En el sector inmobiliario, es fundamental analizar las tendencias y previsiones a corto y largo plazo para poder anticipar los cambios del mercado y estar preparados para aprovechar las oportunidades que se presenten. Las tendencias actuales y las previsiones a corto plazo muestran que la pandemia ha tenido un impacto significativo en el mercado inmobiliario y que se han producido cambios en la demanda de viviendas y oficinas, en los precios y la inversión, y en la forma en que se realiza el negocio inmobiliario.

Uno de los cambios más notables ha sido el aumento de la demanda de viviendas más amplias y espaciosas debido a la necesidad de tener áreas para trabajar desde casa: La adopción del teletrabajo como nueva modalidad laboral han llevado a muchas personas a necesitar un espacio dedicado para trabajar en casa. Esto ha llevado a una mayor demanda de viviendas con más habitaciones, espacios multifuncionales y zonas de trabajo separadas del resto de la casa.

Se ha producido una toma de conciencia cada vez mayor sobre la importancia de contar con espacios verdes y áreas de recreación en las cercanías de los hogares. Esta tendencia se ha intensificado en el contexto de la pandemia de COVID-19, que ha llevado a muchas personas a pasar más tiempo en casa y a buscar formas de mantenerse activas y saludables en su entorno más cercano.

Contar con espacios verdes y áreas de recreación cerca de los hogares tiene múltiples beneficios para la salud y el bienestar de las personas. Estudios han demostrado que pasar tiempo en la naturaleza reduce el estrés, mejora el estado de ánimo y la concentración, y puede incluso reducir la presión arterial y mejorar la salud cardiovascular. Además, tener acceso a espacios al aire libre para realizar actividades físicas y deportes, fomenta la actividad física y puede contribuir a reducir los niveles de obesidad y otras enfermedades relacionadas con el sedentarismo.

Por otro lado, la presencia de áreas verdes en los barrios y ciudades también tiene un impacto positivo en el medio ambiente, ya que ayuda a reducir la contaminación y mejora la calidad del aire y del agua. Los espacios verdes también son importantes para la conservación de la biodiversidad y para la protección de especies animales y vegetales en peligro de extinción.

En definitiva, la creciente importancia que se está dando a contar con espacios verdes y áreas de recreación en las cercanías de los hogares es una tendencia positiva que contribuye a mejorar la calidad de vida de las personas y a crear entornos más saludables y sostenibles.

También hay una creciente demanda de alquiler de propiedades en lugar de la compra, especialmente entre los jóvenes y los profesionales que buscan flexibilidad y movilidad laboral. El aumento del costo de las viviendas en muchas ciudades hace que la compra sea inaccesible para muchos, y el deseo de no comprometerse con una propiedad a largo plazo es otro factor que impulsa esta tendencia. El alquiler permite a las personas tener más flexibilidad para cambiar de ubicación según sus necesidades laborales o personales, lo que es especialmente importante en un entorno laboral cada vez más cambiante y móvil.

Otro cambio a tener en cuenta es que ahora empieza a resultar más atractivo el alquiler para aquellos que quieren evitar los costos y responsabilidades relacionados con la propiedad, como el mantenimiento, los impuestos y los seguros, y que prefieren tener la flexibilidad de mudarse sin tener que preocuparse por vender una propiedad. Además, hay una tendencia creciente hacia el alquiler de propiedades en lugar de la compra, especialmente entre los jóvenes y los profesionales que buscan flexibilidad y movilidad laboral.

El aumento del costo de las viviendas en muchas ciudades hace que la compra sea inaccesible para muchos, y el deseo de no comprometerse con una propiedad a largo plazo es otro factor que impulsa esta tendencia. El alquiler permite a las personas tener más flexibilidad para cambiar de ubicación según sus necesidades laborales o personales, lo que es especialmente importante en un entorno laboral cada vez más cambiante y móvil.

Además, muchas personas están descubriendo que el alquiler puede ser una opción más económica en el corto plazo, especialmente en áreas urbanas donde los costos de la propiedad son muy elevados, y donde los precios del alquiler son relativamente más estables. En consecuencia, el alquiler es cada vez más popular entre aquellos que buscan una forma de satisfacer sus necesidades de vivienda sin incurrir en los altos costos y las obligaciones a largo plazo asociados con la propiedad.

La tecnología y la digitalización están transformando la industria inmobiliaria, lo que ha llevado a una mayor eficiencia y transparencia en la búsqueda y gestión de propiedades.

Hoy en día, existen numerosas herramientas y plataformas en línea que permiten a los compradores y vendedores de propiedades buscar, comparar y gestionar propiedades de manera más eficiente y conveniente. Algunos ejemplos de estas herramientas incluyen:

Los portales de propiedades en línea, que permiten a los usuarios buscar y comparar propiedades según diferentes criterios, como ubicación, tamaño, precio y características. Algunos de los portales más populares incluyen Zillow, Realtor.com y Trulia en los Estados Unidos, y Rightmove y Zoopla en el Reino Unido.

Las herramientas de análisis de mercado en línea, que proporcionan información sobre las tendencias de precios y oferta y demanda en un área determinada. Estas herramientas pueden ser útiles tanto para los compradores como para los vendedores que buscan entender el mercado local antes de tomar una decisión.

Las aplicaciones de realidad virtual y las visitas virtuales en línea, que permiten a los compradores ver y recorrer propiedades en línea antes de visitarlas en persona. Esto puede ser especialmente útil para los compradores que buscan propiedades en lugares distantes o que prefieren evitar las visitas en persona por razones de seguridad o comodidad.

Las plataformas de gestión de propiedades, que permiten a los propietarios y administradores de propiedades gestionar las operaciones diarias de sus propiedades, como la gestión de inquilinos, la facturación y el mantenimiento.

La tecnología y la digitalización están impulsando la transformación de la industria inmobiliaria, lo que ha llevado a una mayor eficiencia y transparencia en la búsqueda y gestión de propiedades a través de herramientas y plataformas en línea.

En la actualidad, la sostenibilidad y el respeto al medio ambiente son valores que están adquiriendo una gran relevancia en la sociedad. Por este motivo, el sector inmobiliario no se queda atrás y ha visto cómo ha aumentado la demanda de viviendas que cumplan con ciertas características sostenibles. Algunas de estas características son la eficiencia energética, el uso de materiales naturales y renovables y la implementación de tecnologías verdes.

La eficiencia energética es un factor crucial en la búsqueda de viviendas sostenibles. Los compradores buscan inmuebles que reduzcan al máximo el consumo de energía, ya sea a través de la instalación de paneles solares, sistemas de iluminación LED, ventanas con doble acristalamiento, entre otros. Esto no solo les permite ahorrar en las facturas de luz y gas, sino que también contribuye a reducir la emisión de gases de efecto invernadero.

Por otro lado, el uso de materiales naturales y renovables es otra de las características que buscan los compradores de viviendas sostenibles. En este sentido, la madera, el bambú, el corcho o la piedra natural son algunos de los materiales más valorados por su bajo impacto ambiental y por ser renovables.

La implementación de tecnologías verdes también es una tendencia en alza en el sector inmobiliario. Algunas de estas tecnologías son los sistemas de climatización y calefacción eficientes, los sistemas de gestión de residuos, los sistemas de riego automático o los sistemas de recolección de agua de lluvia. Todas ellas contribuyen a reducir el impacto ambiental de la vivienda y a hacerla más sostenible.

El interés por propiedades ubicadas en zonas rurales o en pequeñas ciudades es una tendencia que se ha acelerado. Se están buscando propiedades que permitan estar más alejados de las aglomeraciones urbanas y disfrutar de una mayor calidad de vida, de espacios más amplios, con acceso a espacios al aire libre, una mayor privacidad, más tranquilidad y una vida más relajada.

Otra razón por la que las propiedades ubicadas en zonas rurales o en pequeñas ciudades están ganando interés es que en general, suelen ser más económicas que las propiedades ubicadas en grandes ciudades.

Es cierto que, según algunas previsiones, se espera que los precios de la vivienda en general en España sigan aumentando en los próximos años, aunque a un ritmo más moderado. Esto se debe en parte a la persistente demanda de viviendas en algunas áreas urbanas y a la creciente demanda de viviendas en zonas rurales. La pandemia ha cambiado las preferencias de los compradores, y muchos están buscando propiedades más espaciosas y con más acceso al aire libre, lo que ha llevado a una mayor demanda de propiedades en zonas rurales.

Además, se espera que la demanda de viviendas de lujo continúe creciendo. Los inversores extranjeros, en particular, están invirtiendo en propiedades de lujo en algunas áreas urbanas y turísticas de España. Las zonas costeras también son populares para la compra de viviendas de lujo.

Sin embargo, es importante señalar que la situación económica global y los factores políticos y sociales pueden afectar el mercado inmobiliario en España. La incertidumbre económica y las tensiones políticas pueden influir en la demanda y los precios de la vivienda. Por lo tanto, aunque se espera que el mercado inmobiliario en España siga creciendo en el futuro cercano, es difícil hacer predicciones precisas sobre la evolución a largo plazo del mercado.

A lo largo de este libro, hemos analizado el sector inmobiliario en España desde distintas perspectivas: su evolución histórica, su papel en la economía nacional, los principales actores involucrados en el mercado y las tendencias más relevantes en la actualidad.

Como hemos visto, el sector inmobiliario español ha experimentado una importante transformación en las últimas décadas. Tras la crisis económica de 2008, que afectó de manera particularmente dura a este sector, se ha producido una paulatina recuperación que ha llevado a una creciente actividad en el mercado, especialmente en las grandes ciudades.

Sin embargo, no podemos obviar los retos a los que se enfrenta el sector en la actualidad. Uno de los más relevantes es el impacto de la pandemia de COVID-19, que ha supuesto un cambio radical en los patrones de consumo y en las formas de trabajo, y que ha tenido un efecto importante en la demanda de vivienda y en los precios.

Además, la sostenibilidad y la eficiencia energética se han convertido en una preocupación cada vez mayor en el sector inmobiliario, y se espera que estas cuestiones tengan un impacto significativo en la manera en que se construyen y se gestionan los edificios en el futuro.

En este contexto, es fundamental que el sector inmobiliario español afronte estos desafíos con visión de futuro y adaptabilidad, pero también es importante la profesionalización de todos los agentes que intervienen en el sector. La formación y actualización constante de conocimientos es clave para ofrecer un servicio de calidad y confianza a los clientes.

Por otro lado, es importante que el sector inmobiliario sea consciente de su responsabilidad social y medioambiental, y que se comprometa a construir edificios sostenibles y eficientes energéticamente, que contribuyan a una sociedad más justa y equitativa.

En conclusión, el futuro del sector inmobiliario en España depende en gran medida de su capacidad para adaptarse a los cambios y a los desafíos del entorno, pero también de la profesionalización de todos los agentes que intervienen en el sector.

Si el sector logra mantenerse al día en términos de tecnología, sostenibilidad y responsabilidad social, estará preparado para enfrentar los retos que se presenten en el futuro y seguirá siendo un motor clave de la economía española.

REFERENCIAS CONSULTADAS

Constitución Española - *www.boes.es*

Banco de España - *www.bde.e*s

Colegio de registradores de España - *www.registradores.org*

Ministerio de Industria Comercio y Turismo - *www.mincotur.gob.es*

Instituto Nacional de Estadística (INE) - *www.ine.es*

Càtedra Unesco d'Habitatge URV - *www.housing.urv.cat*

Idealista - *www.idealista.com/news*

FotoCasa - *www.fotocasa.es/fotocasa-life*

Expansión - *www.expansion.com*

BBVA - *www.bbvaresearch.com/topic/inmobiliaria*

Rankia - *www.rankia.es*

HelpMyCash - *www.helpmycash.com*

Agencia de datos - *www.epdata.com*

Colliers - *Informe Residencial 2022" de Colliers*

Savills - *www.savills.es*

El economista - *www.eleconomista.es*

Cinco días - *www.cincodias.elpais.com*

Tabla de Contenidos